科技部重大调研课题
江西省发改委“十三五”规划重大招标课题
江西省高校人文社科研究项目

欠发达地区
创新能力与机制研究

QIANFADA DIQU
CHUANGXIN NENGLI YU
JIZHI YANJIU

付 智 著

中国财经出版传媒集团
经济科学出版社
Economic Science Press

图书在版编目（CIP）数据

欠发达地区创新能力与机制研究/付智著．—北京：经济科学出版社，2021.9

ISBN 978-7-5218-2933-4

Ⅰ．①欠…　Ⅱ．①付…　Ⅲ．①不发达地区-区域经济发展-研究-中国　Ⅳ．①F127

中国版本图书馆 CIP 数据核字（2021）第 198259 号

责任编辑：于　源　陈　晨
责任校对：靳玉环
责任印制：范　艳

欠发达地区创新能力与机制研究
付　智　著
经济科学出版社出版、发行　新华书店经销
社址：北京市海淀区阜成路甲 28 号　邮编：100142
总编部电话：010-88191217　发行部电话：010-88191522
网址：www.esp.com.cn
电子邮箱：esp@esp.com.cn
天猫网店：经济科学出版社旗舰店
网址：http://jjkxcbs.tmall.com
北京密兴印刷有限公司印装
710×1000　16 开　12 印张　210000 字
2021 年 9 月第 1 版　2021 年 9 月第 1 次印刷
ISBN 978-7-5218-2933-4　定价：50.00 元
（图书出现印装问题，本社负责调换。电话：010-88191510）

▶前 言◀

随着经济全球化和知识经济的到来，区域系统已成为区域经济的主要载体和发展模式，这同时也对区域经济的发展提出了新的要求。区域创新能力是地区经济获取国际竞争优势的决定性因素。

创新是创新主体、创新对象和创新环境等多种要素相互作用、相互影响的复杂过程，是一种开放的、复杂的巨系统。在具体的创新实践过程中，由于认识的局限性，使在提升区域创新能力方面存在诸多问题，加之我国地域广阔、资源分布不均衡以及地理和自然条件差异等原因，各区域的经济环境和制度环境存在着巨大差异，也必然影响区域的创新能力，往往投入了资源，却无法取得应有的创新效果。因此，在资源约束条件下，挖掘内在的区域发展潜力，改善和提升创新能力已成为地方政府为增强区域竞争优势而做出的重要政策选择。

国内外理论界对区域创新的研究方兴未艾。一方面，区域创新型的实践还处在发展的初期，还属十性质不太稳定的新生事物，因而其理论研究也属于新兴理论领域；另一方面，对于创新能力和创新体系尚未形成一个公认的固定界定，而且对于这个问题的研究目前也还比较分散，缺乏系统性。

本书系科技部重大调研课题、江西省发改委“十三五”规划重大招标课题的阶段成果。全书是在借鉴吸收已有研究成果基础上力求创新，在充分调研和对大量文献资料研究基础上，形成自己特色。本书从探索支撑区域创新能力的重要条件——创新环境开始，按照环境与创新能力之间的作用机理和关系，到持续创新能力体系建立、发展和提升这个逻辑顺序来展开具体研究。综述理论界关于区域创新的有关论述，并运用创新相关理论、方法和技术，分析欠发达地区区域创新的特征、现实能力以及不足之处，揭示创新能力研究的战略意义，并在此基础上提出欠发达地区区域创新能力提升的政策建议。

本书的主要内容如下:

(1) 在系统梳理创新经济学、区域经济增长、区域竞争力、新经济增长等理论基础上，明确了经济发展过程的实质就是获得灵活的机制制度的过程。经济发展可以从制度、技术、文化及社会等各因素共同作用中去理解，创新理论所关心的“根本”，不是具体的变革因素，而是这些因素起作用的方法，是变革的机制；创新发展过程是一个非常复杂的多因素协同过程。根据创新的不确定性和外部性的特性要求在创新发展过程中由市场机制和政府管制共同发挥作用。创新发展的土壤——创新环境对创新主体的创新行为，对企业发展战略和企业行为起决定性影响，使得其在经济发展中具有独特而重要的作用；对创新的空间地域特性研究有其重要的现实意义。国家或区域内的空间和文化的邻近性及相互联系，使得创新主体在创新要素的获得、交流中更容易取得创新成功。区域创新有利于提高资源的利用率、巩固区域可持续发展成果、支撑区域经济长远发展。

(2) 探究区域创新环境对创新主体的作用。区域创新环境不是自在的和孤立的，而是在和创新主体的行动和关联中存在和发展着的，并随着制度和社会的变迁不断演进；区域创新环境可以培育、形成和完善。本书讨论了不同的创新环境对创新能力的改善和提升有不同的作用。在资源约束条件下，可以通过创新环境建设的重要性进行排序，进行通盘考虑和设计，使得有限的资源获得高效的配置，从而获得创新能力提升的可能。本书全面论述了创新环境内涵、构成要素以及对创新能力的作用机制，提出了环境是决定创新能力的重要变量，是区域创新的持续因素，创新环境越好，区域创新能力就越强；反之，创新能力就越弱；创新环境的各类要素对创新能力的影响是存在差异的，有的对创新能力的影响很强，有的影响一般，因而在资源约束条件下，为达到效率的最大化，政府在资源分配方面可以进行排序的两个假定。本书以江西为例，通过相关性和回归分析，得出创新环境各要素都与创新能力之间存在较强的正相关关系，都显著影响区域创新能力，即创新环境各要素的提高会提升区域创新能力。区域创新环境构成要素对创新能力提升的贡献大小存在着明显差异，其中知识流动水平和创新创业水平对创新能力的影响最大，劳动者素质、知识吸收水平、基础设施则次之，而金融环境目前没有对创新能力的提升起到应有的作用。本书明晰了各要素对创新能力的贡献度，通过较精确测量后进行了排序，从而验证了前面的假定。

(3) 进行了欠发达地区创新效率评价。本书分析了欠发达地区区域创新体系建立的意义，以及评价的步骤和评价指标体系设计原则，并在此基础上建立了创新能力评价体系。创新能力评价体系包括创新的投入能力、创新环境的支撑能力、创新产出的实现能力3个一级指标。其中创新投入能力又包含了2个二级指标和6个三级指标，创新环境的支撑能力包含了6个二级指标和18个三级指标，创新产出能力方面包含了2个二级指标和7个三级指标。本书对各评级指标进行了分析，给出了相关计算方法，列出了能力评价的几种分析方法，以及选择DEA方法的原因。本书以江西为例，在掌握大量数据以及对大量数据进行筛选的基础上，进行了横向和纵向的DEA方法评价。本书通过把技术效率分解为纯技术效率和规模效率，发现了纯技术因素和规模因素对欠发达地区区域创新效率的影响，整体上出现创新环境的各要素的投入不够，劳动者素质不高，人们创新意识不足，创新创业的支持和引导不够，高新技术产业的技术没有顺利扩散、传导以及创新环境各要素的配置不合理等问题，进而影响了欠发达地区创新能力提升。同时，本书提出了在制度的合理安排、技术创新等方面予以倾斜、适当调节创新规模等改进思路。

（4）通过创新能力提升的案例分析验证实证结论。本书以JN光电企业为例，探讨了作为一家高新技术企业，在高新技术产业化过程当中，政府是如何在增强对技术创新、加强对高新技术产业化工作的领导、大力推行财税金融扶持政策、完善科技奖励制度、推行科研机构管理体制改革、进行高新技术产业开发区建设以及科研基础设施建设等方面开展的建立良好环境机制体制、进行创新环境整合和优化等工作的努力，以及企业自身进行的“困境突围”的实践，进而研究从案例研究方面本书创新环境和创新能力之间的协调互动，从而获得在创新能力提升方面的经验。本书以南昌国家高新区作为案例，从内外环境两个方面介绍了南昌高新区创新环境的内容，从区域创新环境、高新区企业创新能力、区域创新网络三个方面分析了南昌国家高新区创新能力培育存在的问题，强调从强化高新区企业自主创新能力、搭建创新网络平台、重视高新区区域创新环境建设等方面加强高新区区域创新能力的可能性，从而促进高新区持续健康发展的方式方法。

（5）提升欠发达地区创新能力的体制、机制政策建议。运用本书前面研究的成果，结合欠发达地区区域创新的建设现状和制约因素，提出了建立健全欠发达地区区域投入稳定增长，提高创新产出效率，可持续地提升和强化欠发达地区区域创新能力机制和政策建议，具体内容包括科技投入稳定增长的法律保障机制，优化财政科技的投入结构，建立多元化的科技投入体系，建立严格的创新投入管理制度，建立和完善投入责任制，通过加大转移支付、拓宽融资渠道与严格创新投入管理制度并举，建立健全区域创新投入体系，提高科技创新投入水平。本书为欠发达地区区域创新建设及实现可持续发展提供决策参考和方法支持。

本书研究的创新主要体现在以下三个方面：

(1) 研究视角的新颖。本书从环境入手，提出和验证创新环境对创新能力贡献度的测量模型，通过对创新环境的量化，探讨欠发达地区创新环境各要素对创新能力提升的不同作用，并对要素进行重要程度的排序。研究结论为欠发达地区环境的研究与实践有一定的借鉴意义。

(2) 研究方法的创新。本书建立了欠发达地区区域创新能力评价体系，探讨了创新环境作为一个创新能力投入的软指标变量，通过硬指标和软指标相结合，通过江西的具体实例，运用 DEA 方法进行了创新能力的横向与纵向比较，找出了欠发达地区创新能力的不足，并提出解决问题的途径，在方法上有独到之处。

(3) 研究手段的创新。本书通过实证分析和高新区、企业创新案例分析两者的有机结合，分析了欠发达地区区域创新在创新投入、创新环境的支撑、创新产出等方面的特点与不足，提出有助于提升创新能力的方法。

▶目　录◀

第二篇　创新环境和创新能力

第三篇　欠发达地区创新能力综合评价

导　　论

一、研究背景和意义

（一）背景

经济全球化趋势下的区域创新能力是地区经济获取国际竞争优势，驱动经济持续、稳定发展的关键性因素。目前各国注意力都纷纷投向创新能力。党的十七大报告明确提出，国家现代化建设的重要目标和战略任务是要“提高自主创新能力，建设创新型国家”。因此提升区域创新能力已经成为我们经济进步与实现跨越发展的基本路径。

区域竞争力是建立在产业竞争力基础上的，产业竞争力是建立在企业竞争力基础上的，企业竞争力是建立在创新基础上的。通过持续的投入，使创新知识快速生产；通过创新知识扩散，使企业创新扩散到产业创新和产业集群创新中，从而推动整个区域创新能力的形成。区域创新能力的形成，可以满足高新技术产业的发展、支柱产业的壮大、传统产业的技术改造和产品结构调整的要求；可以促使高新技术开发区和工业园区成为产业集群的栖息地，吸引资本、技术和人才等要素的流入；可以塑造区域品牌，生产生产成本低、质量高的新产品，获得市场份额的增加；可以形成良好的学习环境，培养创新型人才和高素质劳动者，增强区域经济的抗风险能力。

作为一种复杂的知识学习和创造实践活动，创新是集知识、经济、社会、环境等多种因素交互作用的复杂动态过程，是一种开放的、非线性复杂巨系统。在具体创新实践过程中，由于认识的局限性，在提升区域创新能力方面存在诸多问题。加之我国地域广阔、资源分布不均衡以及地理和自然条件差异等原因，各区域的经济环境和制度环境存在巨大差异，这也必然影响区域的创新能力。一些地方和企业由于认识误区，机制、体制不活，创新环境差等原因，往往投入了大量人力、物力和财力，却无法取得较好的创新效益。因此，在资源约束条件下，充分挖掘内在的区域发展潜力，改善和提升创新能力，已成为很多国家为增强国家竞争优势做出的重要政策选择。

（二）实践意义

创新能力包括创新主体、创新环境和创新的机制等，具有多方面、多层次的特点。创新是创新主体利用创新要素进行的创造性活动，其活力来自创新主体与创新环境的相互协整能力。创新离不开投入，包括人、财、物的投入。只有充分利用相关的资源和持续的投入，创新才有保证。同时，创新不是在真空条件下进行的。诺贝尔奖获得者李远哲认为，科学创新的关键问题是需要有一个肥沃的土壤，即人才成长和科学创造的环境。只有在一定的创新环境中，创新主体才能有效利用创新要素，才能培育和展现出创新活力。适宜的创新环境，对创新主体能力的发挥，以及创新的过程和效果起着决定性作用：一方面，创新环境可以引导、刺激技术创新主体的行为和效果，提升创新投入效率；另一方面，创新环境可以为创新产出提供良好的条件和工具，提高产出效果和效率。与此同时，创新环境又是复杂和动态的，是按照创新主体的需求存在和发展的，随着制度和社会的变迁而不断演进。创新环境不仅包括政府提供的服务，也包括民间自发形成的社会环境；不仅包括基础设施、法律环境、政策环境、融资环境、市场环境，也包括同样重要的“创新氛围”。因此本书从研究区域创新能力体系的内在机理和作用机制着手，更新和营造区域创新环境，解决影响创新的问题，这对于提升区域创新能力，促进经济发展显得非常有必要。

欠发达地区在创新能力提升方面存在诸多问题：自主知识产权的技术成果少，高层次科技创新领军人才缺乏，科技体制与运行机制的滞后，科技投入总量小、强度弱，中介服务功能薄弱，聚集人才、鼓励创新、造就人才的良好环境还远未形成。这些问题都使得欠发达地区所具有的自然资源、劳动力资源和区位优势没有充分发挥作用，严重制约经济的发展。另外，从效率的角度看，欠发达地区有限的资源存在进行更高水平的重新配置，实现更大的经济和社会效益的可能。

欠发达地区经济实现跨越式发展的关键在于提升创新能力，挖掘潜在发展优势。因此，有必要全面而清晰地认识和判断其创新能力，找出导致创新能力不足的根源和关键要素，从而可以有针对性地改进或培育、建设，实现创新能力的提升和经济的跨越式发展。

本书选择以欠发达地区创新能力作为研究对象，基于创新环境和创新能力的复杂性和相关性，从支撑创新能力的前提条件——创新环境入手，对欠发达地区创新环境和创新能力的内涵、性质、组成要素进行系统分析，通过创新环境和创新能力之间关系的实证研究，解释环境对能力提升的贡献程度，并对欠发达地区创新能力及其效果进行实证评判，从而在资源约束条件下探索和研究创新能力提升的切实可行的途径和办法。本书的研究成果可以为欠发达地区创新能力建设提供较为系统的理论依据，解析区域创新能力缺陷和不足，为决策者提供区域经济发展的分析框架和方法，并为建设和优化环境提出科学、系统和可操作的建议与对策，具有一定的现实意义。

二、研究思路、内容和技术路线

（一）研究思路

区域创新能力和影响因素是一个系统、复杂的工程，首先要对它进行明确的理论界定，因此本书对支撑区域创新能力的研究，是从给出创新环境的概念、内涵出发进而剖析、阐明其基本特征和环境与创新能力之间的作用机制开始的。其次，本书按照支撑区域创新能力的条件——环境与创新能力之间的关系，到持续创新能力的体系建立，发展和提升这个逻辑顺序展开研究。在充分调研和对大量文献资料研究的基础上，综述理论界关于区域创新的有关论述，并运用创新基本理论和系统理论、方法和技术，深入分析欠发达地区区域创新的发展现状、特征和核心能力，揭示创新能力研究的战略意义。最后，本书进行有关的理论研究，提出欠发达地区区域创新能力提升的政策建议。

（二）研究内容

根据研究目的，在本书研究内容上做以下安排：

（1）区域创新的基本理论概述。从内、外因方面进行整体框架的理论支撑。通过系统梳理创新经济学、区域经济增长理论、区域竞争力理论、新经济增长等相关理论，在基础上，明确了经济发展过程实质就是获得灵活的机制制度的过程。经济发展可以从制度、技术、文化及社会等各因素共同作用中去理解，创新理论所关心的“根本”，不是具体的变革因素，而是这些因素起作用的方法，是变革的机制；创新发展过程是一个非常复杂的多因素的协同过程。创新的不确定性和外部性的特性要求创新发展过程由市场机制和政府管制共同发挥作用。创新发展的土壤——创新环境对创新主体的创新行为，进而对企业发展战略和企业行为起决定性影响，使得在经济发展中起着重要作用；创新的空间地域特性研究有其重要的现实意义。国家或区域内的空间和文化邻近性及相互联系，使得创新主体在创新要素的获得、交流中更容易取得创新的成功。区域创新有利于提高资源的利用率、巩固区域可持续发展的成果，支撑区域经济长远发展。

（2）区域创新环境与创新能力的关系。基于上述的理论支撑，从创新发展的土壤——创新环境的角度来探究区域创新环境与创新能力的关系，明确区域创新环境通过对创新主体起作用；区域创新环境不是自在的和孤立的，而是在和创新主体的行动和关联中存在和发展着的，并随着制度和社会的变迁，而不断演进；区域创新环境可以培育、形成和完善的机理。本书讨论了不同的创新环境对创新能力的改善和提升有不同的作用，在资源约束的条件下，我们可以通过创新环境建设的重要性进行排序，进行通盘的考虑和设计，使得有限的资源获得高效的配置，从而获得创新能力提升的可能。本书全面论述了创新环境内涵、构成要素以及对创新能力的作用机制，并对上述观点假设进行验证，提出环境是决定创新能力的重要变量，是区域创新的持续因素，创新环境越好，区域创新能力就越强；反之，创新能力就越不强；创新环境的各类要素对创新能力的影响是存在差异的，有的对创新能力的影响很强，有的影响一般，因而在资源约束条件下，为达到效率最大化，政府在资源分配方面可以进行排序的两个假定。以江西为例，通过相关性和回归分析，得出创新环境各要素与创新能力之间都存在着较强的正相关关系，都显著影响区域创新能力。创新环境各要素的提高会提升区域创新能力，以及区域创新环境构成要素对各自贡献大小存在着明显差异，其中知识流动水平和创新创业水平目前没有对创新能力的提升起到应有的作用。本书明晰了各要素对创新能力的贡献度，通过较精确测量后进行了排序，验证了前面假定。

（3）欠发达地区区域创新能力评价。效率的评价，离不开评价指标的设立；评价结果的有效性，离不开评价指标体系的科学性和实用性。因此，本书首先分析了欠发达地区区域创新体系建立的意义，评价的步骤，评价指标体系设计原则。其次，在此基础上建立了创新能力评价体系。体系包括创新的投入能力、创新环境的支撑能力、创新产出的实现能力 3 个一级指标。其中创新投入能力方面包含 2 个二级指标和 6 个三级指标，创新环境的支撑能力包含 6 个二级指标和 18 个三级指标，创新产出能力方面包含了 2 个二级指标和 7 个三级指标。并对各评级指标进行了分析，给出了相关计算方法。给出了能力评价的几种分析方法，以及选择 DEA 方法的原因。最后，以江西为例，在掌握大量数据以及对大量数据进行筛选基础上，进行了横向和纵向的 DEA 方法评价。本书通过把技术效率分解为纯技术效率和规模效率，发现了纯技术因素和规模因素对欠发达地区区域创新效率影响，整体上出现创新环境的各要素的投入不够、劳动者素质不高、人们创新意识不足、创新创业的支持和引导不够、高新技术没有顺利扩散、传导以及创新环境各要素配置不合理等问题，影响了欠发达地区创新能力提升。提出制度的合理安排、技术创新予以倾斜、适当调节创新规模等改进思路。

（4）创新能力提升案例分析。理论和实证的支撑，在验证创新环境和创新能力之间的关系，以及创新能力效率提升方面，依然是具有局限性的。基于此，从历史观的角度，本书通过微观创新企业和欠发达地区企业创新的主要平台——高新技术开发区两个角度，以 JN 光电企业为例，探讨高新技术企业在高新技术产业化过程当中，政府在加强对技术创新和高新技术产业化工作的领导、推行财税金融扶持政策、完善科技奖励制度、进行科研机构管理体制改革、高新技术产业开发区建设、科研基础设施建设等的努力，以及企业自身进行的“困境突围”的实践。进而从案例研究方面对创新环境和创新能力之间的协调互动，从而获得创新能力进行验证。以南昌国家高新区作为案例，从内、外两个方面提出了南昌高新区创新环境的内容，从区域创新环境、高新区企业创新能力、区域创新网络三个方面分析了南昌国家高新区创新能力培育存在的问题，强调从强化高新区企业自主创新能力、搭建创新网络平台、重视高新区区域创新环境建设等方面加强高新区区域创新能力的可能性，从而促进高新区持续健康发展。

（5）欠发达地区创新机制和体制。运用前面成果，结合欠发达地区区域创新的建设现状和制约因素，针对欠发达地区区域创新能力特点和问题，本书提出区域创新能力建设的政策措施，主要从创新的投入长效机制和产出服务体系两个方面进行。在创新的投入长效机制方面，通过创新投入体系建设，创新资源人才体系建设，创新创业环境建设，劳动者素质建设，从而形成创新投入的长效机制。在创新产出服务体系方面，通过完善创新知识和创新产品的产出服务体系，科技创新技术交流合作平台建设，科技资源利用和整合，政府在创新能力提升中的重新定位，从而完善创新产出服务体系。为欠发达地区区域创新建设及其实现可持续发展提供决策参考。

（三）研究技术路线

本书研究技术路线如图 0－1 所示。

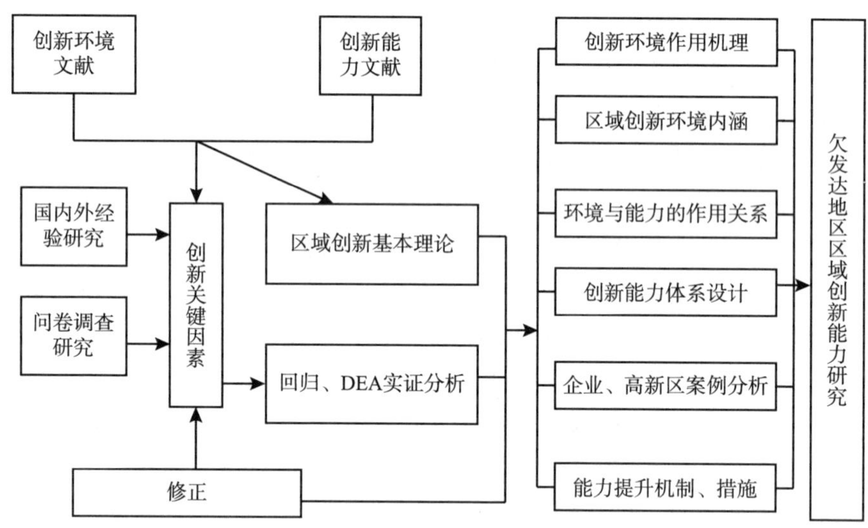

图 0－1　欠发达地区区域创新能力研究的技术路线

三、研究方法与主要创新点

（一）研究方法

（1）理论与实证分析相结合方法。本书借鉴国内外创新理论、市场失灵理论、区域经济增长理论、和谐和可持续发展等相关领域的研究成果，进行了影响区域创新能力的分析。

（2）逻辑演绎和统计分析法。这是从理论经济学所采用的哲学方法中借鉴而来，即用“逻辑的和历史的相统一”的原理，基于理论分析和前人研究成果进行逻辑推演，然后提出研究假设，进而构建相关实证模型，通过对相关数据的归纳和统计分析验证假设和实证模型，对支撑区域持续创新环境的内涵，以及创新能力的提升形成基本认识。

（3）数理模型法。对涉及本书研究相关的资料进行了统计学处理，采用分相关指标进行分析。

（4）案例分析法。通过企业创新的案例，深入分析现象背后的真实原因，力求各种因素之间的内在联系，和对问题的全面把握，使总体和部分之间保持逻辑上的严密性和整体性。

（二）主要创新点

主要体现在以下三个方面：

（1）研究视角。从环境入手，提出和验证创新环境对创新能力贡献度的测量模型，通过创新环境的量化，探讨江西的创新环境对创新能力提升的重要作用。本书重视环境对创新能力作用，重新定义了创新环境，力图从区域创新环境所激励的内在机理和作用机制出发，建立创新环境指标体系，采用相关性和回归分析，实证检验创新环境对创新能力的正相关作用，找出创新环境中影响创新能力的要素，并对要素进行重要程度的排序，发现哪些因素起积极和主导作用，哪些因素是薄弱环节，需要进一步加强。由于本书主要研究是以江西为例，探讨创新环境对创新能力提升的重要作用，因此研究结论可以为欠发达地区环境的定量研究以及实践提供一定的借鉴。本书从环境入手，提出和验证创新环境对创新能力贡献度的测量模型，通过对创新环境进行量化，探讨欠发达地区的创新环境各要素对创新能力提升的不同作用，并对要素进行重要程度的排序。本书研究结论为欠发达地区环境的研究与实践提供一定的借鉴意义。

（2）研究方法。本书建立了欠发达地区区域创新能力的评价体系，探讨了创新环境作为一个创新能力投入的软指标变量，通过硬指标和软指标相结合，运用DEA方法，通过江西实例，进行了创新能力的横向与纵向比较，找出了欠发达地区创新能力的不足，并提出解决问题的途径，从而在方法上有独到之处。

（3）研究手段。本书通过实证分析和高新区、企业创新案例分析两者的有机结合，分析了欠发达地区区域创新在创新投入、创新环境的支撑、创新产出等方面的特点与不足，提出了有助于提升创新能力的“药方”。

四、不足和改进

（一）本书的不足

目前，区域创新能力研究已进入起步阶段，它是创新和可持续发展研究的一个重要方向，具有深远而现实意义。区域创新能力研究任重道远，需要继续不断地努力方能完成这项对人类创新和可持续发展有着重要意义的伟大事业。文章存在的不足之处在于：

（1）理论的系统性有待完善。由于国内外对区域创新环境、创新能力的理论研究尚未成熟，因此本书对其理论分析方面，尚停留在基本理论描述上，没有形成系统的理论。

（2）评价指标体系的科学性和完整性有待进一步加强。区域创新环境与创新能力的关系，以及创新能力评价的指标体系设计在学术界不统一。在本书的研究过程中，我们经常遇到的问题是各省份统计年鉴统计口径的不统一，统计资料不健全，这给我们的研究带来了极大的不便，数据的缺损和数据的不相容不可避免地造成了一些指标评价上与现实的偏离。因此，本书只是根据其他学者研究成果，结合江西的特点，选择了认可度较高、数据容易得到的指标体系。评价体系的完整性存在不完美的地方。

（3）评价方法的一致性有待进一步完善。创新能力评价方面曾设想用指标（硬指标）加问卷（软指标）两个部分一起进行的做法，这也是国际上许多评价通行的做法。限于时间的原因，在江西的纵向比较中采用了这种方法，而在中部6省份的横向比较中仍然以硬指标为主。

（4）评价的数据选择有待进一步延伸。本书研究存在一定不足，主要表现在：虽然就目前规模而言，我国科技投入相对过剩，但究竟在哪些方面过剩，由于篇幅所限尚未详细展开，另外由于数据收集所限，本书研究内容主要集中在2001～2019年。

（二）进一步研究和工作方向

（1）结合理论的最新研究成果和理论的突破，不断地完善理论的系统性。

（2）本书的研究偏重于实证。其实际应用成效如何，还有待进一步实践检验。因此，笔者将寻求机会，通过大量的实践检验来不断改进和完善本书的相关研究。

（3）在可能的情况下，拟在创新能力的横向比较中做到硬指标与软指标相结合，以使评价更具科学性。

（4）本书对创新能力的影响因素的分析，着重各个影响因素对整体的影响，而对各因素之间的相互影响关注不够。而这些因素之间相互的抵消或促进作用，对创新能力的形成和运作有较大的相关性，值得今后做进一步研究。

（5）在区域创新能力测度研究中，要加强经济学、管理学理论与统计学、社会学、系统科学方法以及信息技术手段的交叉与融合，以提高创新能力测度研究的理论水准和实践应用价值。

在欠发达地区进行创新能力测度研究可借鉴发达国家和地区积极成果，但不能简单移植和借用，必须界定自己的概念体系，建立欠发达地区区域创新能力形成的理论模型，进而提出测度创新能力的指标体系。区域创新能力的可靠性在于数据来源的可靠性。在欠发达地区区域创新能力的实证研究方面遇到的最大问题是数据缺损和数据的不相容。基于这个方面的原因，我们只以创新的投入能力，通过德尔菲方法获得的创新环境水平值和创新的产出能力两大指标体系的部分可以获得的数据，通过基于 DEA 方法而设立的模型来进行实证分析，既可以突出创新的特点，实证的结果又可以基本体现欠发达地区区域创新能力的大致水平，从而体现出方法论的意义。数据的缺损造成评价和现实的偏离，这是本书的最大遗憾。就整体而言，部分数据的缺损并不影响本书结论的客观性。

第一篇　区域创新基本理论概述

本篇旨在通过系统梳理创新经济学、区域经济增长、区域竞争力、新经济增长等理论基础，揭示创新的发展过程，从创新的各个角度演进发展。区域创新能力的理论基础，与政府对环境打造、创新制度的完善以及相应政策制定的理论依据是一致的，主要表现在三个方面：第一，微观市场失灵。由于创新知识的外部性与技术的潜在使用者可能由于面临着极大的不确定性，信息不对称和学习成本所造成的高风险，创新主体不能充分占有创新收益，导致创新投资的不足，从这个意义上说，政府必须进行充分的引导和激励，既满足和鼓励个体创新，又能实现社会效益最大化。第二，宏观系统障碍。由于创新知识扩散的诸如组织不力，人力资源和管理能力薄弱等内部障碍，使得其技术创新过程中信息交流存在流动性障碍等问题大量存在，这使得创新扩散的范围有限、速度过慢。在这种情况下需要政府采取适当的措施来打破障碍，加速技术的扩散。第三，战略发展需要。各区域在发展经济的过程当中面临激烈的竞争，要想获得更加高效的发展、更加充分的资源利用，都需要政府在更高的层面进行资源的重新高效配置，以获得区域竞争的竞争优势，实现经济和社会的跨越发展。

笔者认为，研究创新发展过程，具有以下几个方面的重要启示：

第一，经济发展过程实质就是获得灵活的机制制度的过程。包括提及的创新经济学、区域经济增长理论、区域竞争力理论、新经济增长等理论的发展表明，经济发展可以从制度、技术、文化及社会等各因素共同作用中去理解，创新理论所关心的“根本”，不是具体的变革因素，而是这些因素起作用的方法，是变革的机制。

第二，创新发展过程是一个非常复杂的多因素的协同过程。创新的不确定性和外部性的特性要求创新发展过程由市场机制和政府管制共同发挥作用。企业家及其创新行为对企业发展战略和企业行为起决定性影响，使得在经济发展中起着独特而重要的作用。

第三，创新的空间地域特性研究有其重要的现实意义。国家或区域内的空间和文化邻近性及相互联系，使得创新主体在创新要素的获得、交流中更容易取得创新的成功。区域创新有利于提高资源的利用率、巩固区域可持续发展的成果，支撑区域经济长远发展。

通过有关创新理论的研究梳理，我们可以得出几点结论：一是区域创新环境和能力的内涵仍然处于探讨阶段，学者们认识仍然不统一，但经过多年的探索和发展，区域创新发展研究已经并将持续成为研究热点。二是已有的创新研究成果主要集中在概念、重要性、动力与影响因素、实现途径、能力和激励等专题性研究方面。三是创新能力的提升离不开创新环境的推动，创新能力的提升同样会带动创新环境的改善，两者之间是相互促进的，但创新环境在多大程度影响和促进创新能力，以及创新环境有没有可能按照其对创新能力的影响和重要程度进行排序仍然是一个疑问，需要通过研究来确定。因此，本书的研究正好适应了这种需要。

总之，区域创新与发展研究已经在全球形成热点，并将在不久的将来可能成为全球创新和可持续发展研究的一个重要方向，甚至可能成为全球经济、社会、生态环境和管理科学研究范围的一个对人类在21世纪的发展具有深远而现实的战略指导意义的重要研究领域。

第一章　区域创新理论的形成和发展

创新是个持久性论题，创新的复杂性、系统性和持续性决定了创新成为现在以及将来很长时期的研究热点。创新理论的发端，当数 20 世纪美籍奥地利经济学家熊彼特，他在 1912 年出版的《经济发展理论》一书中首次提出并阐述了“创新理论”，随着时间的推移，对创新的研究逐渐通过创新经济学、区域经济增长理论、区域竞争力理论、新经济增长等理论和实践的展开而得到发展。以熊彼特为代表的一批学者开创了创新经济学，从全新视角，以“创新”为基础，揭示了现代经济的一般特征及其发展的社会推动力。

一、创新理论的萌芽和理论先导

1. 创新思想萌芽

亚当·斯密对科学研究、技术创新与市场之间的关系做过论述，认为经济活动主体对附加利益的自动追求导致分工深化，从而带来组织或技术发展，进而使得劳动生产力增进，资本积累上升和分工再度深化。分工不断深化的过程，是市场范围不断扩大和深化、技术不断进步的过程，是生产力不断增长的过程。

19 世纪，企业技术创新的主要形式是通过大量的新机器的使用表现出来。马克思在《资本论》里对这种新机器使用的动机和效果有过详细的论述。他认为资产阶级对于新机器使用的唯一目的就是榨取更多的剩余价值，这个过程的实质是“变革劳动过程的技术条件和社会条件，从而变革生产方式本身”。[①] 同时，马克思认为，这种不断使用新机器的效果就是使资产阶级所生产出来的产品不断满足市场的需求。马克思运用政治经济学原理，揭示了技术创新的过程和机制。马克思指出，资本家对于占有更多剩余价值的追求，使得先使用新机器的资本家会不断地对新机器进行改良，而使

---

① 马克思恩格斯选集：第二卷［M］. 北京：人民出版社，1995：238.

用旧机器的资本家不会满足原有状况，竞相采用新的生产工具，这样就造成了技术创新不断地扩散和持续下去。他还指出了只有社会上出现需求时，才会出现新的机器的使用，因此市场需求是技术创新产生的社会条件。

2. 创新理论先驱

约翰·雷（John Rae）认为，经济进步不是由于个体对自身利益追求的结果，而是人的“社会直觉”的功劳，直觉推动积累、推进“发明的理性精神”；他认识到技术进步及知识增长对资本需求和供给会产生根本性的影响，与资本积累相比，发明更能提高资本内在的收益率、增加现有资本财产的价值，对经济的作用更重要。在雷论及的经济发展过程中，创新行为动态化了，连续的资本积累要求有连续的创新行为，即开辟新市场以及提高利润率的新渠道。约翰·雷的思想对熊彼特的经济发展概念及创新分析产生了重要影响。

凡勃伦（T. Veblen）是制度经济学的奠基者。他认为，技术变迁的速度和方向受现存制度框架的影响，而制度框架是在思维的习惯方式及决策者利益中表现出来；技术通过改变物质条件、改变个人生活及思想方式、模式和习惯而产生制度后果。他主张用进化论观点，认为制度演化是一种“累积因果”的过程。他认为创新的关键是看决策者的制度性目标是否与新技术引进相容，创新既可能来自国内发明，也可能来自其他国家的技术引进。技术创新是有目标的，主要是为利益集团的利益服务。

二、创新经济学的形成

1912 年熊彼特（J. Schumpeter）在《经济发展理论》一书中提出“创新理论”之后，又于 20 世纪三四十年代相继在《经济周期》和《资本主义、社会主义及民主》两书中加以利用和发挥，形成了以创新理论为基础的独特理论体系。

20 世纪初，熊彼特（1912）首次提出“创新”的概念，并将创新视为经济增长的内生因素，以一个统一的理论体系和概念框架系统地研究技术进步促进经济增长的内在机制，认为创新是一个新淘汰旧的“创造性毁灭”的过程[①]。他认为，创新是把一种生产要素和生产条件的“新组合”引入生

① 熊彼特·约瑟夫. 经济发展理论——对于利润、资本、信贷、利息和经济周期的考察［M］. 北京：商务印书馆，1990：5－64.

产体系，并通过市场获取潜在的利润的活动和过程。其主要形式有：创新一种新的产品；采用一种新的方法；开辟一个新的市场；取得或控制原材料，或半制成品的一种新的供应来源；实现任何一种新的产业组织方式或企业重组。并对发明与创新加以区分，他认为“先有发明，后有创新”，“发明是新工具或新方法的发现，创新是新工具或新方法的实施”“只要发明还没有得到实际应用，那么在经济上就是不起作用的”。[①] 在熊彼特看来，创新是一个经济范畴而非技术范畴的概念，它不仅仅是指科学技术上的生产能力，其目的是获得一种潜在的利润，从而推动社会和经济不断发展。

熊彼特还指出，创新不是连续的、平稳的，而是时高时低、时密时疏的；创新也不是单一的，而是多种多样、千差万别的，因而对经济的影响也就有大小、久暂之别，经济周期波幅也有大小长短之分，从而资本主义运行表现出“多层次”的经济周期。

同时熊彼特认为，资本主义经济就是在企业家的企业家精神推动下才实现创新和发展的。熊彼特认为经济发展的主体，也就是创新的主体是实现了新组合的企业。而实现新组合的人就是企业家，企业家的创新职能除了在追逐超额经济利润外，“企业家精神”则是经济发展的最主要动力。

熊彼特认为，实现创新需要一定的社会环境和经济条件。他认为只有完成了从循环流转进入资本主义的社会制度形态的转变，创新才可能出现。而实现这一转变的突破口在于观念的更新，并认为信贷对创新而言是首要的，因为正是它使创新进入循环流转。

三、熊彼特之后的创新理论丛林

熊彼特对创新的研究为经济学家探讨创新提供了思想源泉和动力，使越来越多的经济学家认识到，创新是经济活动的核心内容，而不是细枝末节，认识到最为重要的是经济进步，而不是单纯的经济效率。

20 世纪 50 年代，古典经济学家索洛证明了技术进步对经济增长的巨大作用。美国管理学家彼得·德鲁克将“创新”概念引入管理领域，认为创新是指赋予资源以新的创造财富能力的行为，包括技术创新和社会创新，进一步发展了创新理论。

---

① 熊彼特·约瑟夫．经济发展理论——对于利润、资本、信贷、利息和经济周期的考察［M］．北京：商务印书馆，1990：5－64.

20 世纪 60 年代以后，新熊彼特主义经济学家从实证与经验分析入手，对技术创新做了大量研究。研究主要集中在特定创新上，中心问题之一是创新到底起源于“技术推动”还是“需求推动”。70 年代末期以后，人们的视野逐渐从特定的个体创新转移到更广泛的技术发展上，创新被看作是有联系的。研究的焦点逐步集中在这种相互联系的结构上，即不应孤立地考虑创新，而必须在一个不断演进的环境中以及技术经济结构不断发展的基础上理解创新。进入 80 年代中期以后，创新研究不断深入，研究视野不断扩大。

1. 市场失灵论

新古典经济学家在技术创新政策的研究中认为，政府干预技术创新的合理性主要是因为在技术创新过程中存在着“市场失灵”（market failures）。这一理论的基本观点是，很多情况下，市场机制在经济活动中不能充分保证全社会资源的最优配置，即市场机制对一些产业或企业的调节作用效果不好甚至是失败的。这意味着在一些情况下会出现调节真空，这就需要其他力量填补，以保证全社会的整体利益最大化。技术创新过程中的“市场失灵”主要包括以下几个方面：

（1）公共产品。阿罗（1962）明确指出，所谓研究开发就是生产技术性知识或信息的活动，而信息具有公共商品的性质，因此信息生产者不可能把由生产信息所带来的利益完全归为己有。在这种情况下，投入信息生产的研究开发费用将会减少。与应用研究相比，基础科学的研究具有更强的公共产品性质，所以承担或者资助基础研究活动就成为政府的天然职责。

（2）创新收益的独占问题。阿罗认为，导致资源在研究开发之间不良配置的主要原因是，溢出效应（Spill-over effect）使研究开发的社会收益超过私人收益。这样就会造成私人部门在研究开发活动方面的投资低于社会期望水平。在这种情况下，政府必须采取相应措施直接支持基础研究，提供科学技术教育培训与推广计划，并且制定严格的知识产权保护法规，以保护创新者的创新收益。

（3）外部性。科学技术在给人类带来知识、文明、经济发展和社会进步的同时，也带来了一系列副作用，给人类社会自身带来了危害或者潜在的危害，这就是说在某些情况下，有些技术创新活动存在负的外部性。其他经济主体在开展创新活动时的主要目标是自身利益的最大化和自己的长期稳定发展，而代表国家利益的政府则必须在充分发挥技术创新积极作用的同时，重视并采取必要措施对技术创新负外部性进行控制，避免在技术创新活动中因追求短期利益、局部利益而损害长远利益和整体利益。这种政府干预在实践中主要通过政府的一些规制措施来实现，这不仅对个别企业有利，对社会整体也是有利的。

2. 国家创新系统学派

国家创新系统学派兴起于20世纪80年代末期，其共同的学术特征是将技术创新活动视为一个复杂的国家系统，强调从社会经济的宏观角度来解释各国技术创新实绩的差异，强调从更为广阔的社会文化背景来研究不同企业的技术创新行为差异。在方法上，他们更多借用新制度经济学的某些理论与研究方法。国家创新系统的概念是英国经济学家弗里曼（Freeman）1987年首先提出的。他在研究日本企业技术创新时发现，日本在技术落后的情况下，以技术创新为主导，并充分利用了创新过程中的企业外和企业间组织因素和制度因素，只用了几十年时间，便使国家的经济出现了强劲的发展势头，成为工业化大国。他认为，在人类历史上，技术领先国家从英国，到德国、美国，再到日本，这种追赶、跨越，不仅是技术创新的结果，而且还有许多制度、组织的创新，从而是一种国家创新系统演变的结果。之后，包括伦德瓦尔（Lundvall）、纳尔逊（Nelson）、佩特尔（Patel）、帕维蒂（Pavitt）以及经济合作与发展组织（OECD）和其他国家的许多学者加入了研究行列，使得国家创新系统理论得到不断发展。国家创新系统学派在新古典理论关于市场失灵分析的基础上，进一步提出了系统失灵（systemic failures）的问题。并具体分析了系统失灵的种种情况，明确了政府干预的理由和政府在创新活动中的地位和角色。政府在创新活动中，并不参与创新的具体过程，却对于营造有利于创新的环境氛围，建立坚实的支撑创新活动的知识基础设施，完善创新要素界面之间的联系。通过政策的制定等措施推动其他要素的发育成熟，组织、策动社会创新活动等方面，承担着不可替代的责任。特别需要指出的是，国家创新系统思想揭示了在以创新为主的经济活动中，市场作用的局限性，即创新系统中存在着非市场力量所能左右的系统失灵问题。

3. 区域经济增长方式理论

区域创新的最终目的是促进区域经济的增长。影响区域经济增长的因素是复杂的、动态的，各种因素在不同历史阶段对区域经济增长的贡献不同。综合各学者观点看，决定经济增长的主要因素大致分为：实体因素（包括资本和资源）、人的因素（作为劳动者的人力资源）、效率因素（技术水平）和制度因素（社会经济制度和经济运行机制）。①

---

① 杜肯堂，戴士根．区域经济管理学［M］．北京：高等教育出版社，2004：36－78.

第一，以区域创新的视角，在区域内自然条件和自然资源是区域固有的，是区域创新和区域经济增长的物质基础，其对经济增长的影响表现在：一是通过技术进步和创新对劳动生产率的影响进而影响区域经济增长；二是对区域产业结构的影响。技术进步和创新改变了原有生产方式，主要表现在两个方面：一是不同的自然条件和自然资源往往形成不同的产业部门；二是每一个自然因子对各个产业部门影响不同。

第二，劳动力资源是指区域内的人口总体上所具有的劳动能力的总和，是存在于人的生命机体中的一种经济资源。劳动力资源对区域经济增长的影响主要是通过劳动力质量和数量来表现。从劳动力数量对区域经济增长作用来看，主要表现在一定的技术水平条件下，劳动力投入的增加可以提高区域经济产出水平。

第三，影响生产要素的投入结构。一般劳动力资源丰富的地区，适宜发展劳动密集型产业，可以最大限度地利用本地的劳动力资源，避免资金约束。劳动力是指劳动者具有的体质、智力、知识和技能的总和。劳动力质量对区域经济增长的影响主要表现在，提高单位时间的劳动效率，增加总产出，也容易吸纳先进技术，将先进技术转化为生产力，增加产出。创新资本是一种相对稀缺的经济发展要素。一方面，创新资本是在经济增长过程中形成的；另一方面，经济增长又促进创新资本的积累，创新资本的积累反过来又促进经济增长。技术进步不断改变劳动手段和劳动对象，提高劳动力的质量来促进经济增长，同时技术进步过程中伴随着技术的转移和扩散，也促进了区域产业结构优化升级，带动区域经济增长。

4. 区域竞争力理论

（1）比较优势理论。与技术进步和经济增长相关的比较优势理论经历了由外生到内生、再到内外生并重，由单因素向多因素的发展过程，由过去的单一比较优势理论发展为综合比较优势理论。[①] 因此说，比较优势已经逐渐发展成一个较宽泛的概念，指本国或本地区在经济发展中所独具的优势资源与有利条件。比较优势理论不仅包括丰富的自然资源、劳动力、资本等基础要素，还包括先进技术、智力资源、独特的历史文化背景，以及由区位条件、市场化、法治化和政府效能等决定的较高的交易效率。根据比较优势理论，不同国家和地区通过技术进步改进生产方式形成各自比较

---

① 向国成，韩绍凤．综合比较优势理论：比较优势理论的三大转变［J］．财贸经济，2005（6）：76－81.

优势，进而形成各自区域的竞争力。因此，上述比较优势条件是成为形成区域竞争力的重要因素。

（2）竞争优势理论。由波特创立的竞争优势理论被很多学者视为区域竞争力的理论基石。波特认为，产业及企业的国际竞争力是一国生产率的直接体现，是国家竞争优势的基础。国际竞争优势包括生产要素、需求条件、支撑与相关产业、企业战略、结构与竞争状态四组根本要素和机遇、政府作用两组辅助要素。六组要素交互影响、相互作用，共同决定产业及企业国际竞争力的强弱。在竞争优势理论中，波特强调各个要素发挥作用时，是一个动态系统性机制的变化。国内市场竞争的压力可以提高国内其他竞争者的创新能力；而地理集中将使四个基本因素整合为一个整体，从而更容易相互作用和协调提高。在该体系中，波特推崇技术劳动力、科技基础等推进要素和专门要素的作用，而对基础要素对竞争力的影响持消极态度，并且指出自然资源的匮乏往往转换成产业升级的动力与压力，国内需求的重要性远胜于可观的市场规模，挑剔的本国顾客迫使企业不断创新，而其价值观的全球化又可以预示和引领国际市场需求趋势，相关产业中的企业通过密切合作、互动，可以促进创新与升级，降低成本，具有相互受益和自我强化的效果。企业战略和管理制度是能汇集特定国家具有优势的符合民族特性的管理实物和组织模式，而激烈的国内竞争形成企业创新和改善压力，利于竞争优势持续升级。机会是影响国家竞争优势的可变因素，转瞬即逝，关键在于如何把握和利用，此外对于政府而言适当的角色应该是“鼓励改变、促进国内市场竞争与刺激创新”。[①]

目前，国内区域竞争力研究更多地倾向于依据竞争优势理论，如林毅夫（2005）指出：“国家或地区只有在经济发展的每一个阶段选择符合自己要素禀赋结构的产业结构和生产技术，经济中的多数企业才会具有自生能力，从而能够促进经济体的资本积累、要素禀赋结构的提升，实现经济的快速发展。”[②③] 这就是说，区域经济持续发展和竞争力形成首先须遵循比较优势原则。

（3）后发优势理论。“后发优势”概念是美国经济学家亚历山大·格申克龙（A. Gerschenkron）提出的。在20世纪60年代，格申克龙通过研究后进国家的经济增长发现，在经济上的相对落后国家，反而有助于一个国家

① 赵修卫. 关于发展区域核心竞争力的探讨［J］. 中国软科学，2001（10）：95－99.

② 林毅夫. 比较优势与中国经济发展［J］. 经济前沿，2005（11）：4－7.

③ 鲍永安. 区域核心竞争力研究综述［J］. 江海学刊，2005（4）：79－83.

和地区实现爆发性经济增长。这一观点在20世纪80年代以后，伴随日本和亚洲新兴工业化国家和地区的经济高速增长而被越来越多的人所接受，继而成为“后发优势”的理论基础。在格申克龙理论中认为工业化基础及前提条件的不同会对国家工业化的发展进程产生重要影响，原有工业化基础薄弱的国家，其经济的后发增长优势明显，这是由于这些国家具有一种“落后者的优势”（advantage of backwardness），这种优势也可称之为“后发优势”。而这种后发优势所以能够形成，得益于后发国家在经济、科技、资源等方面所处的特殊时期和有利条件。美国经济学家列维（Levy）从现代化理论角度分析了后发国家与先发国家在经济发展条件上的不同。在其理论中，科学技术带动的现代化使得后发现代化和先发现代化的条件有着明显的差异，因为其彼此之间维持现代化水平的条件并不以当前各自国家实际的现代化水平为基础，在其理论中开始分别考虑各个后发国家所面临的历史和生产阶段。1966年，纳尔逊（Nelson）等提出了“均衡技术差距论”，在其观点中认为，一个后发国家技术水平的提高和其与技术前沿国家的技术差距呈现正相关性，即呈线性正比，并通过研究进一步指出，后发国家技术进步速度虽然常常高于先发国家，但在逐渐接近时又会慢下来，从而保持着一个“均衡技术差距”。

改革开放以后，随着中国经济的迅速发展，国内学者对区域竞争力问题的研究也开始升温。陆德明和周莉珠（1999）提出了基于后发优势的“发展动力理论”框架。郭熙保（2000）着力研究了全球化和信息化条件下后发优势与后发劣势的新变化。傅家骥和施培公（1999）研究了技术仿真创新问题以及仿真创新与后发优势的内在机理。区域后发优势具有的特性可以从三个方面来考虑：第一，替代性是指后发区域可以通过有别于先发区域的方式或途径接近或达到先发区域的经济发展水平或状态，而且不是通过简单的“复制”，而是从起点更高，效率更佳，效果更好，成功率也最高的角度进行；第二，相对性是指后发优势是在经济发展水平和经济发展规模方面处于相对劣势带来的后发优势；第三，潜在性是指后发优势也意味着一种潜在的优势，也就是对于先发区域的巨大发展空间，这种后发优势只是为后发区域提供经济发展的机遇和可能，后发优势是否能够真正的形成，还要看后发区域在其区域经济和科技发展中的结果如何。

5. 新经济增长理论

（1）人力资本理论。传统古典经济学单纯从自然资源、土地和资金角度出发，并不能完整解释生产力提高的全部原因，特别是20世纪以来，面对社会发展和经济总量的急速扩张无力做出相应的反应，对一些问题的解释也日益松弛或失效。直到20世纪50年代，随着产业升级和技术进步，人力资本重要性迅速上升，以美国经济学家舒尔茨为代表的人力资本理论集历史与时代之大成应运而生。

在舒尔茨看来，与物力资本一样，体现在人身上特别是劳动者身上的智力、知识、技能和健康状况等也是一种资本，即人力资本。相对于物力资本，人力资本具有稀缺性、能动性及创新性特征，其对经济增长的影响比物力资本更为重要，进而得出人力资本是社会进步决定性原因的结论。西方经济发展的实践也证明，人力资本投资的收益率要大于物力资本投资的收益率。因此，研究经济增长问题，有必要在传统的资本理论中融入人力资本概念，而不应仅仅考虑有形的物力资本。舒尔茨及其后来者通过人力资本理论对经济发展的动力做出了令人信服的全新解释。

（2）内生经济增长理论。技术进步内生增长理论诞生于20世纪80年代，人力资本理论之后，以美国经济学家罗默和卢卡斯为代表。从理论发展角度看，技术进步内生增长理论的主要贡献在于将“知识”或“技术”在模型中内生化。内生增长理论认为，技术进步既是经济增长之源，又是“知识”内生积累的结果，知识对他人、社会有溢出效应，生产知识的个人又不能内化这种效应，因而知识产出不足。内生增长理论为政府干预从短期需求向长期供给的转变提供了理论支持。因此，该理论在理论界和政府政策制定中得到广泛应用。[①] 其基本观点为：第一，经济增长是经济系统内部因素相互作用而不是外部力量推动的结果，这些内生因素也可以实现经济的持续均衡增长；第二，在众多因素中，技术进步是经济增长的决定因素，并且是由内生决定的；第三，技术、知识积累和人力资本投资等具有外部效应，使生产呈现规模收益递增趋势，且这种外部性构成了经济实现持续增长所不可缺少的条件；第四，由于外部效应的作用，经济的均衡增长率通常低于社会最优增长率；第五，影响经济当事人最优选择行为的政策。新经济增长核心理论认为，一国经济增长主要取决于知识积累、技术进步和人力资本水平等为核心的内生变量，并且这些内生变量对政府政策是敏感的。因此，合适的政府政策在长期增长中发挥着重要作用。建议政府通过政策引导、鼓励市场主体增加对物质资本、设备投资和基础设施的投资，同时鼓励人力资本的积累，加大科技投入。

---

① 胡永远，杨胜刚．经济增长理论的最新进展［J］．经济评论，2003（3）：74－77．

（3）规模报酬递增理论。在市场经济体制下，竞争导致生产逐渐集中，生产的规模化发展又促进社会分工的发展，分工又进一步提高生产效率，这些足以表明现代化的生产肯定存在着规模递增现象。斯密最早提出分工会导致专业化，从而提高劳动生产率，而使规模报酬呈递增。[①] 马歇尔相信所有产业都显示出总规模报酬递增，只有受到短期固定性或土地稀缺的阻碍，在这种情况，他才同意古典经济学所认为的报酬递减的观点，“在那些不是从事于农产品生产的产业里，劳动和资本的增加，一般使得报酬有超过比例的增加；而且，这种组织的改进，趋于减少甚至超过自然对农产品产量的增加所能增大的任何阻力”。[②] 斯拉法在《经济学杂志》1926 年发表《竞争条件下的报酬规律》指出，“在纯粹竞争的条件下，只要产量增加伴之有内部经济，厂商不会处于完全均衡状态”，“递增收益也是同完全竞争的假设不协调的”。从此也就揭开了不完全竞争理论的序幕。也有一些经济学家承认存在规模报酬递增现象，但是“根据复制的观点，不变规模报酬是最自然现象，但这并不等于说其他情况不可能发生，递增的规模报酬通常在一定的产量范围内适用”。[③]

四、小结

通过对创新研究的主要理论学派及其观点的回顾可以看出，创新理论丛林阶段，各学派之间的观点主张不是相互对立的，而是从创新的各个角度演进发展的。区域创新能力的理论基础，与政府对环境的打造、创新制度的完善以及相应政策制定的理论依据是一致的，主要表现在三个方面：第一，微观市场失灵。由于创新知识的外部性与技术的潜在使用者可能由于面临着极大的不确定性，信息不对称和学习成本所造成的高风险，创新主体不能充分占有创新收益，导致创新投资不足，从这个意义上说，政府必须进行充分的引导和激励，既满足和鼓励个体创新，又能实现社会效益最大化。第二，宏观系统障碍。由于创新知识扩散的诸如组织不力、人力资源和管理能力薄弱等内部障碍，使得其技术创新过程中信息交流存在流动性障碍等问题大量存在，这使得创新扩散的范围有限、速度过慢。在这

---

① 亚当·斯密．国富论［M］．呼和浩特：内蒙古人民出版社，2008：154 – 171.

② 马歇尔．经济学原理：上［M］．朱志泰，译．商务印书馆，1964：1 – 416.

③ 哈尔·R．范里安．微观经济学：现代观点［M］．费方域，等，译．上海：格致出版社，上海三联书店，上海人民出版社，2011：1 – 636.

种情况下需要政府采取适当的措施来打破障碍，加速技术的扩散。第三，战略发展需要。各区域在发展经济过程中面临激烈的竞争，如何获得更加高效的发展、更加充分的资源利用，都需要政府在更高的层面进行资源的重新高效配置，以获得区域竞争的竞争优势，实现经济和社会的跨越发展。

笔者认为，研究创新发展过程，具有以下重要启示：

第一，经济发展过程实质就是获得灵活的机制制度的过程。创新经济学、区域经济增长理论、区域竞争力理论、新经济增长等理论的发展表明，经济发展可以从制度、技术、文化及社会等各因素共同作用中去理解，创新理论所关心的"根本"，不是具体的变革因素，而是这些因素起作用的方法，是变革的机制。

第二，创新发展过程是一个非常复杂的多因素的协同过程。创新的不确定性和外部性特性要求创新发展过程由市场机制和政府管制共同发挥作用。企业家及其创新行为对企业发展战略和企业行为有决定性影响，在经济发展中起着独特而重要的作用。

第三，创新的空间地域特性研究有其重要的现实意义。国家或区域内的空间和文化邻近性及相互联系，使得创新主体在创新要素的获得、交流中更容易取得创新的成功。区域创新有利于提高资源利用率、巩固区域可持续发展成果，支撑区域经济长远发展。

第二章　创新的历史概貌

一、关于创新的论述

“创新”（innovation）作为现代经济学的重要概念，首见于美籍奥地利经济学家约瑟夫·熊彼特1912年出版的《经济发展理论》一书。他认为，创新是把一种生产要素和生产条件的“新组合”引入生产体系，并通过市场获取潜在的利润的活动和过程。在熊彼特看来，创新是一个经济范畴而非技术范畴概念，它不仅仅是指科学技术上的生产能力，其目的是获得一种潜在的利润，从而推动社会和经济不断发展。

纳尔逊主编的《国家创新体系》中，对创新的定义也相当广泛，包括企业掌握新技术、把产品设计变为现实以及制造生产的全过程，即使这种过程并没有普及全球，甚至没有普及到全国。因此，国家创新体系研究不只局限于那些在世界科技领域中处于前沿的企业行为，或者进行最尖端科学研究的机构，而应该包括那些广泛影响国家科技能力的因素。

美国学者曼斯费尔德（M. Mansfield）对技术创新的定义经常为后来的学者认可并采用。他在1974年发表的《产业创新与技术扩散》中认为，“与发明或技术样品相区别，创新就是技术的实际采用和首次应用”。

迈尔斯（S. Myers）和马奎斯（D. G. Marquis）在美国国家基金会（NSF）报告《1976：科学指示器》中将创新定义为：“技术创新是将新的或改进的产品、过程或服务引入市场。”

弗里曼（C. Freeman，1995）指出，技术创新就是指新产品、新过程、新系统和新服务的首次商业性转化。

20世纪80年代中期，缪尔塞（R. Mueser）对几十年来技术创新的概念和定义作了较系统的整理分析，将技术创新重新定义为：“技术创新是以其构思新颖性和成功实现为特征的有意义的非连续性事件。”

傅家骥、仝允桓和高建等（1998）认为“技术创新”概念有狭义与广义之分，狭义的技术创新是指企业家抓住市场潜在的赢利机会，重新组合生产条件、要素和组织，从而建立效能更强、效率更高以及生产费用更低的生产经营系统的活动的过程。将“研究开发（R&D）狭义技术创新扩散”的全过程称为“广义”的技术创新。概括地将始于研究开发而终于市场的技术创新是狭义的技术创新，始于发明创造而终于技术扩散的技术创新称之为广义的技术创新。

1999 年 8 月 23 日，中共中央、国务院在北京召开全国技术创新大会，会议公布了《中共中央　国务院关于加强技术创新，发展高科技，实现产业化的决定》（以下简称《决定》）。《决定》指出：“技术创新，是指企业应用创新的知识和新技术、新工艺，采用新的生产方式和经营管理模式，提高产品质量，开发生产新的产品，提供新的服务，占据市场并实现市场价值。企业是技术创新的主体。技术创新是发展高科技、实现产业化的重要前提。”

二、创新环境理论的历史概貌

1. 区域创新环境概念界定的主要观点

区域创新环境的概念，最早是由 1985 年成立的欧洲创新研究小组（GREMI）提出的，他们将创新环境定义为：在有限的区域内，主要的行为主体（结点）通过相互之间的协同作用和集体学习过程，而建立非正式的复杂社会关系，这种关系提高本地的创新能力。[①]

梅拉特（Maillat，1995）认为，创新环境是“孕育创新过程的区域组织”。

佩林（Perrin，1989，1991）定义创新环境为一种空间集聚体，在这种集聚体里创新网络是通过行为主体在多边交易过程中的学习和不断进行创新的这种学习系统的不断集聚而得到发展的。

伯拉曼提和马吉奥尼（Bramanti and Maggioni，1997）以社会文化环境作为研究的主要概念，把产业的创新活动与空间聚集紧密地结合到了一起，他们认为环境是一种发展的基础和背景，使得创新的个体能够创新并能和其他创新机构相互协调。

---

① Breschi，S. The geography of innovation：across-sector analysis［J］. Regional Studies，2000，34（3）：213－229.

王缉慈（1999）认为，区域创新环境是指地方行为主体之间在长期正式或非正式合作与交流关系的基础上所形成的相对稳定的系统。它是多元主体参与，有多种创新资源流动，在一定地理区间内，功能指向为创新的，以横向联系为主的开放的创新系统。

汪继年（2007）认为，区域创新环境是指政府和各创新主体在技术创新活动中，共同创造的有益于各创新主体发挥创新精神、推动产业体系的创新活动获得成功的各种因素和条件。

陈理飞（2007）认为，区域创新系统的环境是指处于区域创新系统之外，与系统进行物质、能量和信息交换关系的事物或存在。

邱成利（2002）提出的观点认为区域创新环境是指在特定的经济区域内，各种与创新相联系的主体要素（创新的机构和组织）、非主体要素（创新所需要的物质条件）以及协调各要素之间关系的制度和政策网络。

易成栋（2001）认为，区域创新环境为区域内与技术创新扩散行为相关并影响创新效果的各种条件的总和，它是在区域内以企业为中心，与企业有着密切物质、能量、信息交换的复杂的、动态系统。

岳鹄和张宗益（2008）认为，区域创新环境是指能促进创新能力提高的一切支撑条件，包括硬环境（技术创新设施、设备以及资金等）和软环境（政策、法律法规以及制度等）。

蔡秀玲（2004）认为，创新环境是国家政策与法规、管理体制、市场和服务的统称，是指为创新提供规则和机会的体制和结构因素。

程工（2004）认为，从某种意义上说，区域创新环境就是一个地区吸引投资的创新能力。

贾亚男（2001）指出，区域创新环境是一个地区保持持续竞争力、发展力所必须具备的物质、文化、社会环境。它是区域内各行为主体和参与要素在长期相互作用下形成的以支持、产生和增强区域创新能力为目的的相对稳定的网络系统。

2. 创新环境的内涵和组成的主要观点

梅拉特（Maillat，1995）认为，创新环境主要有三个方面内涵：第一，本地化的网络结构，是由物质资源和非物质资源组成，可以降低企业经常面临的静态或动态的不特定性，并使得各种行为主体之间在功能和信息方面结成密切而稳定的关系；第二，外部学习和企业内部创新的有机结合，并以此制定经营和创新战略的组织体集合；第三，动态的学习过程，使行为主体具有根据环境变化调整他们自己行为的才能，同时这也保证创新的传播、交换和技术文化的更新，以及创新环境本身的更新。梅拉特（1998）提出，创新环境是指整个地域生产系统的创新问题。创新环境包含的内容极为丰富，既包括企业外部的技术文化、技能、劳动力市场等非物质的社会化因子，还包括企业内部的企业家精神、企业的行为方式、企业捕捉市场机会的能力等。创新环境不仅是区域内行为主体间相互作用的性质，还包括各主体相互作用过程中反映出的质量和创新速度。区域创新环境可以分为硬环境和软环境两种。硬环境主要包括区域内的基础设施、地理位置等。软环境主要指区域内的相关政策、文化底蕴等。不管硬环境还是软环境都应该处于一个动态变化与不断创新的状态，因为区域经济的发展更依赖于动态的环境，也只有不断改善环境，才能推动区域创新系统的不断升级。

王缉慈（1999）指出，只有存在创新环境的地方，才能达到知识和技术的创新和弥漫（不仅是扩散或传播），建造区域创新环境的过程就是组织创新，即建立网络组织的过程。

赵付民和邹珊刚（2005）认为，创新环境的构成概括而言，可以分为以下三大类：第一，政府主导的创新环境，包括经济政策法规、政府服务、基础设施、公共创新资源配置等。第二，市场主导的创新环境，其演化、发展主要受市场力量和市场规则所左右，政府力量及规则对其发展演化方向及进程有重要的影响。主要包括：企业治理结构、收入在各要素提供者间的分配制度等企业内环境；区域产业内相关企业配套程度、企业间协作网络、知识生产和应用机构有效衔接的产业环境；专业化、社会化服务；涉及技术服务、信息、法律管理咨询服务；资本市场发育状况、科技三项费用、风险投资等融资环境；创新的需求、行业协会作用、市场规范程度、公正的司法服务等市场及竞争环境。第三，区域创新文化与价值观，包括区域价值观念、区域内相关机构间合作倾向、企业家精神等。

盖文启（2002）认为，区域创新环境应该包括两个方面含义：一是不断促进区域内的企业等行为主体不断创新的区域环境（静态环境）；二是为进一步促进区域内创新活动的发生和创新绩效的提高，区域内环境自身随着客观环境的变化，随时进行的自我创新和改善的过程（动态环境）。

陈理飞（2007）将区域创新环境划分为两个方面：一是静态环境，是指促进区域内企业等行为主体不断创新的区域环境；二是动态创新环境，是指为进一步促进区域内创新活动的发生和创新绩效提高，区域创新环境自身不断随着客观条件的变化，而不断自我创造和改善，以形成自我调节功能的区域创新系统。

邱成利（2002）认为，区域创新环境由若干子系统、创新基础（技术标准、数据库、信息网络、科技设施等）、创新资源（人才、知识、专利、信息、资金等）和制度环境（政策法规、管理体制、市场和服务等）构成；从创新动态过程看，区域创新环境由研究与开发、创新导引（创新计划与战略）、创新运行与调控（制度、规则和政策）、创新支撑与服务构成；从创新对象上看，区域创新环境由技术创新、制度创新、组织创新和管理创新等部分构成。

章立军（2006）借鉴波特对国家创新体系的分析框架，结合区域创新环境特点，认为本质上区域创新环境由四要素组成。从要素条件看，区域创新环境包括劳动力的素质和基础设施的状况。从需求条件看，需求是拉动创新的重要因素。因此，区域创新环境应该包括市场需求水平。从相关的支持产业看，金融环境成为创新活动的最大支持产业。因为创新活动本质上是一种经济活动，离不开资金的支持，现代意义上的创新活动都需要较大量的资金投入，几乎所有地区的企业都感到资金的缺乏是当地创新的瓶颈。从企业的战略与竞争状况看，创新环境也应包括当地的创业水平。因为创业水平的高低决定了创新企业的多少，从而在一定程度上决定了当地企业的竞争状况。

中国科技发展战略研究小组（2002）认为，应该从创新基础设施的完善程度、市场需求水平、劳动者素质、金融环境和创业水平五个方面来刻画创新环境。基础设施是一个地区创新的各种要素流动的载体，包括信息和知识载体和物流载体。市场需求水平是拉动技术创新的重要力量。劳动者素质的高低是创新环境的另一个重要因素。金融环境是地区创新环境的重要方面，是决定创新成败的重要因素。创新和创业有密切的联系，创业水平的高低是一个地区经济有没有活力的重要标志。

陈赤平（2006）认为，创新环境是产业集群技术创新的外部条件，并将外部环境划分为以下四个层次：一是产业或部门层次的外部环境，主要实现专业化分工和知识共享，促进劳动力市场的形成和公共设施建设，为创新活动提供条件。二是区域层次的外部环境，是区域内的产业集群、研究机构或高校，在区域性的制度安排、文化习俗影响下所形成的区域性创新系统。三是国家层次的外部环境，是一国境内的政府机构、创新主体及其他组织方式（如集群、联盟等）之间彼此相互作用，可以实现国家综合竞争能力和创新能力的增强。四是国际层次的外部环境，是产业集群适应全球化发展的需要，在外向型经济中拓展与他国企业或其他组织之间的合作关系，形成的一种开放式创新系统，有利于产业集群在更广泛的协作竞争关系中实现技术创新能力的进步。

汪继年（2007）认为，区域创新环境包括要素和条件有：政策、体制、机制和知识产权制度；市场体系、投融资体系、信用体系；信息、技术、管理、知识、企业家和创新家；创新环境内的信息通信通道、与外部创新环境链接的信息通道等。

《2002 年中国区域创新能力评价》从创新的服务水平、创新基础设施的发达程度、地区市场需求水平、劳动者素质、创新基金、金融环境和创业水平六个方面描述了创新环境。

盖文启（2002）认为，区域创新环境主要由以下几个方面构成：一是区域的社会文化环境与创新；二是区域发展的制度创新环境；三是区域劳动力市场创新环境。

蔡秀玲（2004）认为创新环境是一个动态的发展过程，不仅包括经济要素（资金、劳动力等），还包括各种非经济因素（社会文化）。由静态环境和动态创新环境构成，可以分为四个方面内容：即基础设施环境、社会文化环境、制度环境、学习环境。

贾亚男（2001）认为，区域创新环境分为相互联系和彼此依赖的四个层次：基础层次网络、文化层次网络、组织层次网络和信息层次网络。基础层次网络主要包括基础设施建设、教育研究机构建构以及高素质人才培养；文化层次网络主要包括心理层次、制度层次、物质层次；组织层次网络是由政府、企业、中介机构、教育和科研机构及个人合作和交流学习中所形成的动态联系网络；信息层次网络包括知识的储备和信息的获取。

邱成利（2002）认为，区域创新环境是由创新基础（技术标准、数据库、信息网络、科技设施等）、创新资源（人才知识、专利、信息、资金等）和制度环境（政策法规、管理体制、市场和服务）等构成。

黄桥庆、赵自强和王志敏（2004）认为，创新环境的基本构成划分为四个方面内容，即基础设施环境、创新资源环境、政策与制度环境、社会文化环境。基础设施环境和创新资源环境属于区域创新的硬环境，而政策制度环境和社会文化环境属于创新的软环境。

周珊珊（2005）提出，区域创新环境体系由政府政策环境、对外合作与开放的环境、区域产业及企业内环境、市场环境、人力资源要素环境和自然、人文环境等构成。

易成栋（2001）认为区域创新环境分为政治环境、经济环境、资源环境、社会文化环境。

三、创新环境对创新能力作用综述

1. 作用机理研究综述

波特（Porter，1998）认为，创新环境是产业良好的环境特质，产业集群内的企业通常能够以更快的速度、更低的成本获得创新元素而快速创新；同时要面对同行竞争，持续性比较以及基本环境相似（如劳动和设备成本）的压力，迫使厂商必须以有创意方式使自己有别于他人，使得创新压力节节升高，虽然个别企业很难长期领先，但是许多企业比在其他地点的公司进步更快。

艾达洛（Aydalot，1992）认为，本地环境（主要是指社会人文环境）作为创新的“温床”或孵化器，对于创新的产生具有决定性作用。创新环境对创新能力的影响具有显著的地域性特征。对区域资源相同地区的区域创新能力进行了研究。研究发现有些区域资源相同，但是创新能力相差很大。说明区域创新能力不仅仅由资源因素所决定，还与其他因素有关，如行为主体能力、主体之间互动能力。不同产业创新能力可能不同，由于部门专业化、功能和组织特征，导致区域企业创新能力的差别。

布拉茨克和库克等（Braczyk and Cooke et al.，1998）研究认为，区域创新能力差距与研究制度、教育制度和技术转移制度相关，在治理模型上依赖于区域决策能力、经费资源和政策导向。

中国科技发展战略研究小组（2002）认为，在明确了企业是创新主体前提下，环境便是决定因素。不是优惠的政策就可以推动创新，一个区域的创新环境和基础设施是推动企业创新的核心资源。因此，政府推动企业创新，关键是完善本地的创新环境和基础设施，包括减少对企业经营的干预，鼓励企业采纳新机制，鼓励当地企业不断创新的氛围等。

刘曙光（2004，2005）认为，区域创新系统具有一定的地域空间范围和开放和边界，以生产企业、研究与开发机构、高等院校、地方政府机构和服务机构为创新主要单元，不同创新单位之间通过关联，构成创新系统的组织结构和空间结构，创新单元通过创新（组织和空间）结构自身组织及其与环境的相互作用而实现创新功能，并对区域社会、经济、生态产生影响，通过与环境的作用和系统组织作用维持创新的运行和实现创新的持续发展。

汪继年（2007）指出，区域创新环境是指政府和各创新主体在技术创新活动中共同创造的有益于各创新主体发挥创新精神、推动产业体系的创新活动获得成功的各种因素和条件。它由各创新主体的主观因素和创新过程中应具备的外部客观条件组成，是一种能够持续创造协同作用的各种因素和条件。

卢时雨（2007）认为，创新是目的，环境是基础。环境是创新的基础，创新是系统的核心。区域创新系统以创新为目的，不断地创造、转让、扩散新知识、新技术，区域在创新中发展、进步，创新也是区域提升竞争优势的关键力量。区域环境则是创新的土壤，为创新活动提供制度支持、文化支持等，是创新持续不断的保证。系统与外界环境之间存在着反馈机制。区域创新系统不是一个封闭的系统，它是一种开放的社会系统。区域创新系统与周围存在着相互联系，不仅影响周围环境，也通过反馈机制受到周围环境的影响。

张文忠和李业锦（2003）认为，应该把区域环境创新置于一个重要位置加以分析。区域创新环境与企业发展基本上是双向互动关系，一方面，区域环境因素不同程度影响着企业的创新活动；另一方面，企业行为也反作用于区域创新环境。企业发展的重点是要促进不同主体的创新和学习能力，同时还要提供一个有利于不同主体创新和学习能力提高的区域创新环境。只有不断地对企业发展的区域创新环境开发和建设，并且积极与外部资源相结合，才能为企业持续发展建立一个完善的保障和支撑体系。

易成栋（2001）按照政治环境、经济环境、资源环境、社会文化环境四个角度，建立一套指标评价体系，通过问卷调查方式，对武汉创新环境进行分析，认为制度与社会文化等因素组成的区域创新环境对技术创新有重要的影响。

岳鹄和张宗益（2008）认为，区域创新能力是由科学技术产生的综合能力，主要由 R&D 经费投入决定，并由在区域创新环境中培育出的地区竞争力体现出来，成为地区经济获取竞争优势的决定因素。

孙丽文和李国卿（2005）认为，区域创新环境还可以为区域内的大量中小企业提供新技术和各种技术服务，进行技术扩散，形成更大规模的经济增长效应。

赵付民和邹珊刚（2005）认为，区域创新环境通过向创新主体提供创新所需的各种关键资源，使得创新更易于实现。

林迎星（2004）认为，创新环境不必要被限制在一个区域，但由于创新环境众多要素空间接近而大大提高了它的效果。在许多方面，这种环境能支持创新，就是环境追寻功能、信号功能、译码功能，即联合的信息获取与分析，使成功的市场与技术的认识更容易，增加当地厂商市场可见性。员工在厂商之间流动过程促进了集体学习。

侯润秀和官建成（2006）使用我国 1998 ~ 2003 年各省份面板数据，研究外商直接投资（FDI）对区域创新能力的影响。研究表明，实际利用外资额对专利申请量有着显著的正面效应，并通过实证分析，得出外商直接投资对不同创新能力地区的溢出效应差异。

2. 实证研究综述

（1）国外文献。国外文献较多集中研究企业行为及其影响因素的观测与实证。多夫曼和斯坦纳（Dorfman and Steiner，1954）首次从理论模型上解释了企业 R&D 支出的决定机理。随后的实证研究主要分为两个方面：一是研究 R&D 影响因素的文献。主要有：格瑞里奇斯（Griliches，1957）等强调了需求方面——市场规模对企业 R&D 的影响。谢勒（Scherer，1965）等则发现企业面临的技术机会和技术的专用性对企业或行业层面的技术创新活动有着同样重要的作用。科恩和莱文（Cohen and Levin，1989）经验研究发现企业规模和行业特点对企业 R&D 也有巨大影响。二是研究 R&D 强度的文献。主要有：科恩和克莱珀（Cohen and Kepper，1992）开创性地指出企业 R&D 的强度与企业特征有关，但所有因素似乎都不足以解释企业间 R&D 努力，他们认为决定企业 R&D 努力的关键因素是“不易观测”的。李长阳（Lee，2002）认为行业内企业技术能力的分布决定了企业间 R&D 强度的分布。

（2）国内文献。国内文献主要集中于从行业和企业层面的 R&D 来研究创新能力。主要有以下几类研究：

一是企业特征如所有制、规模、技术特征等与 R&D 的关系。如刘小玄（2000）分析了所有制等变量对于企业效率的影响，论证私营个体企业的效率最高，而国有企业的效率最低。姚洋和章奇（2001）认为，非国有企业比国有企业技术效率更高，大企业比小企业效率更高。何玮（2003）指出，我国大中型工业企业技术创新行为存在明显的短期效应。安同良（2003）以“企业技术能力”为研究范式，剖析了中国企业技术选择与 R&D 战略的动因。安同良等（2006）以江苏制造业企业的问卷调查为样本，考察了企业所处行业、企业规模及所有制三因素对企业 R&D 行为的影响。

二是基于行业层面的研究，主要是考察外资、国际贸易、跨国公司与R&D的关系。如张海洋（2005）发现，在控制自主R&D情况下，外资活动对内资工业部门生产率的提高没有显著影响。薛澜等（2002）、沈玉芳等（2004）对于跨国公司在中国的R&D行为进行了较为广泛的研究。李小平等（2006）研究了国际R&D溢出对中国工业行业的技术进步增长、技术效率增长和全要素生产率增长的影响。王红领等（2006）研究发现FDI对中国民族企业自主创新能力有促进作用。

三是研究主要采用回归分析。池仁勇、唐根年（2004）对影响区域技术创新效率的各个因素进行回归检验，研究结果表明：企业制度、研发项目投入强度、企业群体结构和产业集群对区域技术创新效率有显著影响，而政府对技术创新投入并不会对效率有显著影响。虞晓芬、李正卫和池仁勇（2005）认为影响区域技术创新效率的主要有企业性质、产业结构、人力资本和企业规模四个方面。而从创新环境角度考察其对技术效率影响的就更少。与之相近的研究主要有：赵付民和邹珊刚（2005）用可以量化的创新产品产值表示区域创新绩效，创新环境从政府主导、市场主导和区域创新文化与价值观三个方面考虑，用SPSS做线性回归，结果显示区域创新环境对创新绩效有显著影响。李习保（2007）以发明专利授权量和职务发明专利量分别用来衡量创新产出效率，采用轻工业总产值在工业总产值中的比重等8项指标表示创新环境，并且创新产出分别采用滞后期3年和4年，得出结论：一个地区对教育的投入程度和政府对科技的支持力度是促进创新效率的两个显著因素。区域技术创新效率作为区域经济发展的主要动力。创新环境作为区域经济发展的重要保障。二者之间有着一定内在关系。以上学者的研究成果也证实了创新环境对创新效率有正向影响，只是在指标选取方面采用新产品产值或发明专利授权量代表创新绩效或创新效率不够客观及全面，而且得出的结论是创新环境总体对创新绩效有显著影响，没有具体分析每一个因素的影响大小程度，以致制定政策建议时没有太强的针对性。

国内外有关研究主要集中于企业或行业层面，但在我国目前的科技管理体制下，由于企业没有真正成为创新活动主体，特别是中小企业没有成为创新活动的主体，我国的创新活动有很大部分集中在科研机构和高校。根据2003年科技部中国科技统计数据，我国企业的研发开支在国家研发开支中占61.2%，研究开发机构占27.3%，高校占10.1%，其他占1.4%。但发达国家企业研发所占的比例较高，如美国2002年占72.9%，日本2001

年占73.7%以上。[①] 因此，在我国，企业或行业的创新活动仅仅是创新活动的重要部分而不是绝大部分，企业或行业层面的研究不能覆盖我国创新活动的全部。

区域创新能力与国家创新体系相比，显示出更多的地区资源关联和特色制度安排，更强的产业、技术专业化且企业的创新性更为显著。区域创新体系中，不同机构部门之间的互动，创新活动和知识流动更为紧密。区域创新体系不是国家创新体系的一个缩影，而是创新的区域化。区域内的无形因素如文化风俗、地理、历史、教育和产业专有因素都会影响区域创新。英国的马歇尔（1983）、克鲁格曼（1997）和波特（1998）的研究都认为区域创新与产业密集有密切关系，区域化有助于促进创新和知识的扩散。因此，区域创新研究可以看出行业集聚和无形因素的效应，但企业、行业创新研究却无法做到这一点。所以，区域层面比国家层面、企业行业层面的研究有许多独特的优势，它开辟了一个全新的视角。从研究创新活动的衡量指标看，目前绝大部分文献主要用R&D、国内的技术发明专利数量、进口技术设备的数量和FDI的数量等。但是这些指标仍不能全面综合地反映创新能力，还需要更客观和科学的指标体系来衡量我国的创新活动。

四、区域创新能力理论历史概貌

1. 区域创新能力的定义

在现有文献中，区域创新能力还没有一个统一的定义，国内外学者从各自的角度对区域创新能力进行了定义。

斯特恩、波特和福尔曼（Stern, Porter and Furman, 2000）认为，一个区域的创新能力是由生产一系列相关的创新产品的潜力确定的，其中最重要的因素是R&D存量，无论是企业R&D还是政府R&D，都能资助新技术、发明、设计和创新生产方式，从而影响创新能力的R&D边际产出。瑞戴尔和舒尔（Riddel and Schwer, 2003）认为区域创新能力是指区域内不断地产生与商业相关联的创新产品的潜力。

库克（Cooke, 1998）认为，“创新”是知识的商业化，是知识的利用过程，创新可定义为“成功地利用新的知识”。按照对创新的这种理解，区域创新就是“区域成功地利用新知识”，区域创新能力是“区域成功地利用

① 根据2003年国家科技部关于中国科技相关统计数据整理所得。

新知识的能力”。一个区域中有许多不同的主体，区域的创新能力不是这些单个主体创新能力的叠加。区域创新能力不体现在单个的主体中，而是不同主体能力的“整合”。不同主体的相互作用决定区域创新能力的大小。主体之间的联系构成一张网络，这是区域创新最重要的组成部分，从这个意义上也可以说区域的能力就是“网络的能力”。

柳卸林（2002）等认为，区域创新能力不单是经济和科技竞争力，创新能力决定了一个地区长期的经济发展能力，并将区域创新能力定义为是指一个地区将知识转化为新产品、新工艺、新服务的能力。

朱海就（2004）认为，区域创新能力是由网络的创新能力、企业的创新能力和创新环境三部分组成，区域创新能力即网络的创新能力，最终作用于企业，创新环境是支撑条件。

黄鲁成（2002）认为，区域创新能力是以区域内技术能力为基础的，实施产品创新和工艺创新的能力。

朱孔来和王忠辉（2009）认为，区域创新能力是指一个地区将知识转化为新产品、新工艺和新服务的综合能力。区域创新能力实质上就是一个区域的技术创新能力。区域创新能力的大小最直接的表现是看得见、摸得着的显性创新能力表现。显性创新能力包括知识创造能力、知识流动能力、企业技术创新能力和创新产出能力四个方面。另外，对创新能力的形成和发展具有决定性的影响，决定着该区域未来创新能力的发展潜力的是潜在创新能力，包括创新环境、创新投入两个方面。因此，区域创新能力由多方面因素所决定：知识创造能力、知识流动能力、企业技术创新能力、创新产出能力，也称创新绩效、创新环境、创新投入。

颜晓峰（2000）提出，国家创新体系作为创新实体时，是运用政府、制度、政策的力量、家的创新资源、协调与推动国家创新活动的能力。

甄峰、黄朝永和罗守贵等（2000）认为，创新贯穿于社会发展的始终，而创新能力应该是在创新过程中、在充分利用现代信息与通信技术基础上，不断将知识、技术、信息等要素纳入社会生产过程中所具有的一种能力，对一个地区而言，创新能力是对该地区知识和技术发展状况的综合反映。

卢时雨（2007）博士认为，区域创新能力是由科学技术产生的综合能力，主要由 R&D 经费投入决定，并由在区域创新环境中培育出的地区竞争力体现出来，并成为地区经济获取竞争优势的决定因素。区域创新环境是指能促进创新能力提高的一切支撑条件，包括硬环境（技术创新设施、设备以及资金等）和软环境（政策、法律法规以及制度等）。

王德禄（2000）从组织创新角度提出创新能力是支持创新的综合特征。

赵黎明和冷晓明（2003）认为，区域创新能力就是区域发展和运用科学技术的能力，主要表现为工艺流程、产品设计等方面的研究和开发能力之和。

2. 国内外区域创新能力结构要素与功能

托特林（Todtling，1992）研究区域资源相同地区的区域创新能力发现，区域资源相同的地区创新能力相差却很大，表明区域创新能力不仅仅由资源因素所决定，还与其他因素有关，如行为主体能力、主体之间互动能力；不同产业创新能力可能不同，由于部门专业化、功能和组织特征，导致区域企业创新能力也会有差别。

布拉茨克和库克等（Braczyk and Cooke et al.，1998）研究认为，区域创新能力差距与研究制度、教育制度和技术转移制度相关，在治理模型上依赖于区域决策能力、经费资源和政策导向。另外，区域创新活动具有系统特点，创新能力不仅与创新主体（企业、高校和研究机构）的直接创新活动有关，而且与区域的社会经济环境、主体间的网络关系等因素相关。

斯特恩、波特和福尔曼（Stern，Porter and Furman，2000）利用 17 个 OECD 国家 1973～1996 年的统计数据，从基础设施的角度对一国创新能力的主要影响因素进行了研究，结果表明：创新基础设施的完善程度对一个国家技术创新能力的提升有重要意义。

我国对区域创新能力的研究起步比较晚，直到 1996 年，国内才出现了“区域创新”，有些地区进行了区域创新能力的调研，对于区域创新能力的形成、发展及其运行机制还处于探索阶段。

中国科技发展战略研究小组《中国区域创新能力报告》关于创新能力包含：一是知识创造能力，即不断提出新知识的能力。二是知识获取能力，即不断利用全球知识资源的能力和知识在各创新单位流动的能力，它反映的是一个地区企业对知识的需求度和创新的冲动强弱。三是知识应用（企业的技术创新能力），是区域创新能力的核心所在。四是创新的环境，主要体现为创新服务体系的建立，创新基础设施的改善，市场需求能力，劳动者素质，创新基金的支持强度，金融环境和创业水平，它是决定一个地区创新能力的关键。五是创新的经济绩效，即创新的产出能力，它是一个地区创新能力的最终体现。

赵树宽（2005）认为，区域创新承担着把高新技术内化为区域经济发展的自变量，以促进区域产业结构的调整与现代化，从而保证区域经济与社会的可持续发展。

张钢和徐乾等（2006）探讨了区域创新能力与区域知识集聚效应关系问题，其对区域创新能力的研究建立在一个基于社会认知的理论框架里的，通过分析系统分析了知识集聚的内涵、形成机制及其对区域创新能力的决定作用，并引申出了关于区域创新能力系统构建的政策蕴含。

邵云飞和谭劲松（2006）对区域技术创新能力形成机理进行界定认为，形成机理是区域技术创新能力演进过程中的一个环节。

李耀平、杨春玲和孙锐（2009）认为，区域技术创新能力是构建区域创新体系的中心问题，从技术创新全过程的角度，可把区域技术创新能力分为创新资源的投入能力、研究开发能力、生产制造能力、组织管理能力和市场营销五个方面。

3. 国内外对于区域创新能力评价

在国外，最早涉及区域创新能力评价这一研究领域的是美国学者埃弗雷特·M. 罗杰斯和朱迪思·K. 拉森，他们运用定性分析的方法对美国“硅谷”的起步和成长过程进行了系统地考察，揭示了硅谷形成“凝聚经济效应”的条件。然而，这种定性分析的方法很难对区域创新系统做出全面、科学的评价，但其探索性的工作对后人进一步的研究科技园区评价指标体系框架具有启发意义。

美国学者鲁格和高德斯在《科学园区里的技术》一书首先提出了评价科技园区成功因素的指标为：成为研究与开发和高技术活动的基地；有一个或几个从事科研的大学、工程学院和医学院；良好的环境；良好的基础设施和商业服务；有远见的企业领导者。其他一些研究更多是集中在国家层面。例如，美国国会评价了美国所有的科技园区的发展状况。此外，OECD、意大利、日本科学技术厅、威尔士地区也先后提出了评价国家或区域创新能力的指标。

凯斯泰尔兹和豪尔（Castell and Hall）列举了区域创新系统成功建立的三种动机：再工业化、区域发展和协同创造。前两个目标易懂，并且能够有选择地被分别描述成为技术发展和城市或区域更新。第三个目标不太清晰。狭义地说，它简单地被看作技术从大学转移到企业的推动力。

约翰·费利穆尔（John Phillimore）指出，当一个区域根据技术发展和城市更新评价时，人们对这个区域的创新能力会持怀疑态度。创新区域一直受到批判，由于依靠线性的创新模型来评价，它假设科学知识能够毫无疑问地从研究性大学转移到邻近的区域。创新被广泛认为是一种复杂的非线性过程，包括大范围的信息网络。

陈宗仁和黄钦晨（Chung - Jen Chen and Chin - Chen Huang）在《台湾科学工业园区高技术产业的多标准评价》（*A multiple criteria evaluation of high-tech-industries for the science-based industrial park in Taiwan*）一文中运用 AHP（层次分析法）对台湾科技园区（将其视为一个创新区域）内的高科技产业进行评价。列出了与半导体、电脑、通信、光电子学、精密设备、生物工艺学 6 个高科技产业联系最紧密的 7 个因素；消费效应、技术支持、产业相关性、土地供给、政府政策、科技水平和市场潜力。通过 AHP 方法进行评价的市场潜力权重最大，其次是技术水平和政府政策。以主观专家评价为基础，这种相对评价法还得出生物工艺学和光电子学是最满意的高科技产业。

哈佛大学伯特尔教授和麻省理工学院斯特恩教授探讨了评价创新能力指标，并应用该指标评价美国不断推出创新的能力。在该项目研究中，他们认为国家创新能力取决于共有创新基础设施的强度、支持创新集群的环境条件，以及两者互动联系的强度。其中创新基础设施包括研究开发中的人力资源、投资于研究开发的资金资源、对国际投资的开放度、知识产权的保护水平、教育投资水平和人均国民生产总值；支持创新集群相关的环境条件包含有产业研究开发投资的强度、基础设施和产业集群程度；而两者互动联系的强度则用大学研究开发的水平来衡量。

瑞士洛桑国际管理开发学院发表的《国际竞争力报告》（又称《洛桑报告》）为各国之间的国际竞争力进行比较提供了一个可供参考的依据和方法。该报告同时是连续的年度报告，也为每一参评国自身进行纵向比较提供了一个重要途径。该报告从国内经济、国际化程度、政府管理、金融、基础设施、管理、科学技术、国民素质八个方面进行分析，其中评价科技竞争力的指标有研究开发支出、研究开发人员、技术管理、科学环境、知识产权。

而国际经济论坛的《全球竞争力报告》也对各国竞争力进行了比较，与《洛桑报告》不同是将竞争力分为两个部分：现有的竞争力和增长竞争力，即在注重评价创新现有能力的同时，强调对创新能力增长潜力的评价。

2001 年，欧盟成员国创新指标体系中主要从人力资源、新知识的创造、知识的应用及扩散、创新基金产出和市场四个方面对欧盟成员国的创新能力进行评价，该指标体系中突出了人力资源在创新能力中的重要作用，认为人才是区域发展关键，高素质、高技能的人才是促进区域经济发展的决定因素之一。

托特林（Todtling，1992）研究发现，区域资源相同的地区，创新绩效相差却很大，表明区域创新能力不仅由资源因素所决定，而且与其他因素有关，如行为主体能力、主体之间互动能力等也会导致区域企业创新能力的差别。

库克（Cooke，1998）认为，区域创新能力的差距与研究制度、教育制度和技术转移制度相关，在治理模型上依赖于区域决策能力、经费资源和政策导向。另外，区域创新活动具有系统的特点。创新能力不仅与创新主体（企业、高校和研究机构）直接创新活动有关，而且与区域的社会经济环境、主体间的网络关系等因素相关。

波特（Porter，2000）等利用1973～1996年17个OECD国家统计数据，从基础设施角度对一国创新能力的主要影响因素进行了研究。结果表明，创新基础设施的完善程度对一国技术创新能力的提升有重要意义。

福尔曼（Furman，2004）等采纳国家创新系统的理论框架，从实证分析的角度探讨不同国家之间创新能力差异的原因。

罗守贵和甄峰（2000）在前面的研究基础上对指标体系进行了改进和发展，他们将区域创新能力的指标体系构建采用自上而下和自下而上相结合方法，自上而下将区域创新能力分解为六个准则，即区域综合实力、教育资源与潜力、科技资源与潜力、企业创新实力、信息条件、区域政策与管理水平，自下而上进行因子的筛选、匹配与组合，确定了52项参评因子。

魏康宁和梁樑等（2002）将区域创新能力的指标体系按照其表现的不同方面分为6个子系统（一级指标），即基础设施、经济实力、中介机构、科技实力、企业技术创新和政府子系统，共50个指标（二级指标），评价安徽省的区域创新能力。

中国科技发展战略研究小组（2003）对2002年中国区域创新能力的现状做了分析，得出的结论为东部是中国区域创新能力最强的地区，西部地区创新能力较低，从分省市地区分布看，北京、上海是全国区域创新能力最强的地区，各省份在2001～2002年出现了很多变化，呈现出区域创新能力多样化发展特点。

周立和吴玉鸣等（2006）基于《中国区域创新能力报告》中的数据，采用因素分析与聚类分析相结合的综合集成评估方法，对我国31个省级地区的区域创新能力进行了定量评估及比较，探讨了因素分析法对加权综合评价方法的替代技术，结果表明，我国的区域创新能力地区差异比较明显，采用因素分析法替代现有的区域创新能力综合评价是可行的。

孙锐和石金涛等（2006）应用因子和聚类方法，对2004年我国的区域创新能力的数据结构进行了深入分析，得到了基于因子的我国区域创新能力排序和聚类结果。

任胜钢和彭建华等（2007）在界定区域创新能力基础上，建立了区域创新能力指标体系，运用因子分析的方法对我国31个省级地区进行分析，比较东部、中部、西部地区的创新，并将区域创新能力与经济发展水平进行了相关分析。

李习保（2007）基于区域创新系统的框架，以职务发明专利和授权量作为创新产出指标，分析了影响我国区域创新率因素，认为影响创新效率的因素包括区域创新主体的构成、政府的支持和工业结构有关的创新环境。同时得出创新主体的构成变化和企业创新能力的地区差异是导致我国区域创新系统整体绩效集聚趋势加剧的根本原因的结论。

莫琦和刘鹏等（2007）运用灰色系统理论和客观赋权法，提出一个区域创新能力的灰色综合评估方法，对广东区域创新能力进行了综合分析。在分析过程中，将区域创新能力的评价分为四个方面，即区域创新基础水平、区域创新投入能力、区域创新产出能力和科技创新促进经济社会发展，从这四个方面对广东区域创新能力进行了评价。

邵云飞、唐小我和陈光（2003）运用聚类分析法对中国区域创新能力进行实证分析，结论认为技术创新能力与经济发展程度有较强的相关性，并且说明了聚类法在进行区域创新能力排序时也表现出一定的局限性。但得出的结论基本上与运用其他方法得出的结论相同。

魏康宁和梁樑（2002）把区域创新力整个指标体系按照其所表现方面的不同分为6个子系统（一级指标）即基础设施、经济实力、中介机构、科技实力、企业技术创新和政府子系统共50个指标（二级指标），构成理想点法的属性，即矩阵来评价安徽省的区域创新能力。

罗发友、刘友今和孙婷（2002）运用因子分析方法揭示出技术创新能力的区域特征，主要有以下几个方面：一是非均衡性。主要表现在东部、中部、西部区域之间的差距巨大和各区域内部差异。二是整体偏低性。除东部沿海共12个省市得分较高外，其余区域共21个省份的得分均较低，且大部分为负值。三是梯度演变性。大体表现为西部地区—中部地区—东部沿海地区的梯度提高趋势。笔者认为，要提高我国区域创新能力的整体水平，应从中西部落后地区着手。这也从一个侧面反映了国家西部大开发战略政策选择的正确性。

吴显英（2003）运用因子分析法选取30个省份14个指标进行因子评分，对各地区区域创新能力进行综合评价与分析，为各个地区构建区域创新系统和制定区域发展政策提供依据。通过分析得出综合区域创新能力与实际情况基本相符，并认为各地区应充分了解自身技术创新的实力，科学地进行定位球，采取合理的科技创新战略，制定有针对性的技术创新政策与措施，使区域创新系统发挥应有的效能与作用。

范柏乃（2004）对城市技术创新能力进行评价，选取19个城市作为研究对象，运用主成分分析法，提取5个主成分，经过从几个城市选择具有相当丰富的技术创新实践经验的专家帮助筛选，并且对评价指标进行相关分析和鉴别力分析后得出城市技术创新能力评价指标体系。该指标体系有目标层、准则层、指标层3个层面共33个评价指标组成，评价表涵盖面广且内在逻辑性强，数量繁简适中，具有较强的可操作性，能够比较客观和准确地描述城市技术创新能力的内涵与结构。由于在研究过程中存在数据的可得性问题，目前对区域创新系统的大多数的研究都是以城市为研究对象，因此，该指标体系对构筑区域创新能力评价指标体系具有很大的借鉴和参考价值。

何亚琼（2006）认为，区域创新能力的大小不仅取决于区域内各创新行为主体的创新能力和各类创新资源的丰裕度，更取决于各创新主体在相互作用中所采取的集成运作方式。该研究用区域创新网络成熟度来反映区域创新能力的大小，并从网络规模、网络自我更新能力、网络的开放性、区域本地化程度、网络连接的稳定性、连接的强度等方面构建了相应的评价指标体系。

章立军（2006）利用省际面板数据进行回归分析，创新环境中基础设施、劳动力素质、市场需求和金融环境显著影响区域创新能力。

郭国峰（2007）等运用面板数据，通过建立固定效应变截距知识生产函数模型，对我国中部6省技术创新能力及其影响因素进行分析。

党文娟等（2008）采用负二项分布估计方法，针对2005年各地区创新环境进行分析，探讨区域环境对促进区域创新能力的影响。

王学军等（2008）利用1995～2006年的数据，定量分析区域智力资本水平和区域创新能力之间的关系，针对湖北省进行研究。

研究者就区域创新能力影响因素进行了各种探索，可以概括为两个方面：一是创新能力在地理上并非平均分布，创新能力强弱不一，有些地区创新能力特别突出，有些地区创新能力不足，但对引起创新能力差异的成因存在分歧。比如，虞晓芬、李正卫等针对我国区域发展的不平衡问题，从区域技术创新效率差异角度分析东西部地区发展不平衡的成因，并通过计量分析得出企业性质、人力资本、产业结构等是影响我国各省份技术创新效率的显著因素；池仁勇、虞晓芬的研究则表明劳动者的素质、轻重工业比重等因素是东西部技术创新效率差异的主要原因；刘树、张玲基于专利角度对我国各省专利发展的有效性作了实证研究，研究发现我国大部分地区的专利研发的投入相对过剩而非产出不足，资源没有能够发挥应有的作用；吴和成、刘思峰对我国区域 R&D 的相对效率作了评价研究，发现我国许多区域 R&D 资源利用效率较低。二是区域创新能力或创新产出效率受到微、宏观多方面因素的影响，宏观因素如科研制度、教育制度、技术转移制度、经费资源和政策导向等影响；市场微观因素如 R&D 存量，能资助新技术、发明、设计和创新生产方式等影响，从而影响创新能力的实施效果。例如，罗守贵等从区域综合实力、教育资源与潜力、科学技术资源与潜力、企业创新实力、信息条件、区域政策与管理水平等 6 个方面对区域（江苏省）创新能力进行了分析；魏康宁等从基础设施、经济实力、中介机构、科技实力、企业技术创新和政府子系统 6 个方面评价了安徽省的区域创新能力；《中国区域创新能力报告》侧重于从产出角度对中国各省区的区域创新能力进行评价；任胜钢从创新主体的创新能力和创新环境两个方面构建了区域评价指标体系，对全国各省份的创新能力进行评价；朱海就从创新系统中的创新网络出发，强调主体的协同作用进行评价，认为应该用网络密集度、网络绩效、企业创新投入、企业创新产出、创新环境投入和创新环境产出等指标来评价区域创新能力；何亚琼等从网络规模、网络自我更新能力、网络的开放性、区域本地化程度、网络连接的稳定性、连接的强度等方面构建了评价指标体系。

五、小结

通过有关创新理论的研究梳理可以得出几点结论：一是区域创新环境和能力的内涵仍然处于探讨阶段，学者们认识仍然不统一，但经过多年探索，区域创新发展研究已经并将持续成为研究热点。二是已有的创新研究成果主要集中在概念、重要性、动力与影响因素、实现途径、能力和激励等专题性研究方面。三是创新能力的提升离不开创新环境的推动，创新能力的提升同样会带动创新环境的改善。两者之间是相互促进的。但创新环境在多大程度上影响和促进创新能力，以及创新环境有没有可能按照其对创新能力的影响和重要程度进行排序仍然是一个疑问，需要通过研究来确定。因此，研究正好适应了这种需要。

总之，区域创新与发展研究已经在全球形成热点，并将在不久的将来可能成为全球创新和可持续发展研究的一个重要方向，甚至可能成为全球经济、社会、生态环境和管理科学研究范围的一个对人类在 21 世纪的发展具有深远而现实的战略指导意义的重要研究领域。

第二篇　创新环境和创新能力

现有探讨创新能力提升路径的研究文献当中，更多地通过内生的方式实现。笔者认为，创新环境与创新能力之间的关系是复杂的，单一的作用和机理不足以概括揭示两者的真实关系。除了内生方式的提升途径之外，创新能力越来越依赖于滋生创新能力的环境的作用，创新环境对创新能力的关系作用，已经并将更多通过影响创新能力的外生变量发生。本篇的主要目的是从理论和实证两个方面，探究创新环境与创新能力之间的关系，认为，创新环境既能够通过内生的方式实现创新能力提升，又能够通过影响创新能力的外生变量发生，基于此进行了相应验证。

通过理论梳理，明确了创新环境的内涵，明确了创新环境对创新能力的作用，讨论了不同的创新环境对创新能力的改善和提升有不同的作用，并以江西为例，通过相关性和回归分析，得出创新环境各要素与创新能力之间的关系，明晰了各要素对创新能力的贡献度，通过较精确测量后进行排序，从而验证了前面的假定。

第三章　创新环境和创新能力关系的理论分析

一、创新环境界定

国内外区域创新环境理论的研究体现以下主要特征：一是对区域创新环境的概念及构成基本有一致的认同：即创新环境包含的内容极为丰富，既包括区域的基础设施等物质的社会化因子，又包括技术文化、技能、劳动力市场等非物质的社会化因子；既包括企业家精神、企业的行为方式、企业捕捉市场机会的能力等，又包括各主体相互作用过程中反映出的质量和创新速度。二是区域创新环境是产业创新发展所必需的社会、文化环境。

从另一角度来看，文献中很少或没有涉及欠发达地区的创新环境特点，没有解决欠发达地区在创新能力中的原创能力非常低的情况下，如何通过改善创新环境，获得经济持续发展的后发途径问题。

我们认为，创新环境是创新的约束系统，欠发达地区的创新环境，不但要有助于本区域进行研究和创新，更要有助于通过技术购买和技术外溢，吸收区域外创新成果，为创造、购买、吸收这些创新成果提供适合的条件和服务，从而有益于将这些新产品或服务成功推向市场。创新环境是支撑创新的一切要素和条件总和，是一个复杂、动态的有机整体。创新环境建设是一个涉及政府、创新主体（包括高校、科研机构、企业等）、创新要素等方方面面的系统工程。区域环境的特色性和复杂性，决定了欠发达地区政府在制定政策规划时要有符合本区域特点和特色的通盘考虑和设计：按照自己的现实情况进行创新的投入；培养、引导创新意识、创新观念；培养和引进创新人才；夯实和打造社会创新平台；按照创新主体的需求，进行制度和组织创新；动员方方面面的力量，构建一个组织完善、范围广泛且运行高效的创新环境。把创新环境建设作为营造区域核心竞争力的重要战略举措，对于区域内开展持续技术创新，不断构造新的竞争优势，具有重要意义和深远影响。

我们认为，区域创新能力是指区域的创新主体在充分利用创新环境基础上，将知识转化为新产品、新工艺和新服务，并能推动当地经济发展，产生一定经济绩效的能力，是对该区域知识和技术发展状况的综合反映。这里的知识，不应局限于本地区特有的、独创的创新知识，还应该包括通过技术贸易、技术外溢、“干中学”等通过交换和学习获得的区域外的知识。尤其在原创能力不强的欠发达地区，获取和吸收区域外的创新知识并进行市场化转换，更具有现实意义。

区域创新能力本质上是指区域创新知识的投入与创新产品产出的转化效率。创新环境实际上就是支撑区域创新知识的投入与创新产品产出的转化效率的各种条件。创新环境通过创新所需要的物质条件（如劳动力、资本）和非物质条件（如知识流动、吸收的便利与否），影响创新主体的行为和产出，进而影响创新产品的投入以及产出效率。

这里无须分清谁是创新主体，无论企业还是大学、科研单位成为创新的主体，并不表明区域的创新能力的强弱或资源的有效配置。所以创新主体是谁不是唯一因素。

创新环境是在一定的地理区间内，与创新相联系的政府和创新主体与非主体要素通过相互之间的协同和学习，进而影响区域内创新活动获得成功的各种条件总和。因此，从本质上说，区域创新环境是指能促进创新能力提高的一切条件和保障。创新环境包括基础设施、劳动者素质、金融环境、创新创业水平、知识流动水平、知识吸收水平。

二、创新环境特征

1. 系统性与复杂性

区域创新环境是由基础设施、劳动者素质、金融环境、创新创业水平、知识流动水平、知识吸收水平共同组成的系统。系统的各个组成因素之间既有区分，又是相互联系、相互影响的。在现代社会，很难找到一个能够脱离区域创新环境，完全依靠单一要素，从而具有优秀创新能力的国家或地区。环境系统又是复杂的，区域的多样性和复杂性决定了区域环境的多样性和复杂性。环境系统是区域物质环境与社会环境、人文环境等非物质环境的综合。既有静态的环境，又有动态发展的环境。另外，环境的复杂性还表现在制约因素的复杂，创新环境通常包含对创新能力产生重大影响的很多制约因素。

2. 动态性与学习性

从区域创新环境的内涵中可以看出，区域创新环境是政府和创新主体（包括科研机构、大学、企业等创新组织和机构）与非主体（基础设施、金融环境、创业水平、知识流动水平、知识吸收水平等创新所需的支撑条件）之间的协同作用和创新主体之间的学习过程。协同作用和学习的过程，是区域创新环境根据外界条件的变化，不断调整区域内的各个因素的过程，是使创新活动保持活力，并保持或扩大这种领先优势的过程。创新知识不是每个区域都具备的能力，一些知识创新不强的区域或组织，可以通过系统内、外的交流、学习、模仿，获取发展所必需的创新知识。总之，面对市场和技术的不确定性，整个系统该在协同基础上，不断学习，使系统高效正常发挥作用，最终促成创新的产生。

3. 特色与差异性

区域创新环境产生、发展于所在区域。区域要素条件的特色和差异性特征，造成了创新环境的特色性和差异性。各区域技术创新水平是参差不齐的，不是均匀分布在所有地区，而是存在着一定的空间聚集，并向其他地区扩散，即技术创新存在一定的地区差异。创新能力相同或接近的区域，其创新环境会千差万别。区域创新环境的特色性和差异性，决定了成功的区域创新环境发展的经验不能被落后地区简单地复制实施。要针对不同区域创新主体的不同需求，使用不同的方法和途径，培育和发展区域创新环境。

4. 营养和激励性

区域创新环境通过向创新主体提供创新所需的人、财、物的投入，并通过相关的条件刺激创新主体的生产，从而使得创新更易实现。创新环境还可以通过传导的作用，消除知识流动障碍，把创新知识进行必要的扩散，从而扩大创新的范围。在创新的产出阶段，创新环境可以通过产业集群的引导，提高产出的生产效率。创新环境还可以通过知识产权保护制度，通过有力的经济激励，维护创新的活力。

三、创新环境作用机理

从国内外学者研究成果来看，主要反映了以下几个方面的特征：一是区域创新环境对区域创新能力产生影响，但影响力的大小存在分歧；二是在区域创新环境和创新能力关系的评价方法上，国外学者主要强调区域创新环境和能力的案例研究，国内学者往往把区域创新环境作为区域创新能力的一个因素进行评价研究；三是创新环境如何影响区域创新能力，以及创新环境的复杂要素是否对创新能力产生影响，在资源有限条件下政府如何选择的相关研究还没有深入开展。

我国区域经济发展不平衡使得各地区之间，在创新主体的创新力、资源的配置能力、政府行为的是否高效、政策的针对性和实效性等方面存在较大的差异。这些差异必然对各个地区的区域创新能力产生不容忽视的影响。

我们认为环境是创新能力约束系统，这个约束系统是复杂的，同时也存在较大的差异，这就意味着创新环境中的不同要素对创新能力的作用也存在差异。这意味着不同的创新环境对创新能力的改善和提升有不同的作用，在资源约束条件下，可以通过创新环境建设的重要性进行排序，进行通盘考虑和设计，使有限资源获得高效的配置，从而获得创新能力的提升。

研究创新环境作用机理，是探究区域创新能力演变过程中的一项重要内容，通过机理研究，我们可以发现并克服区域创新能力形成的制约条件，可以通过工具和条件的改进来提升创新的效率，寻找提升区域创新能力途径。通过对国内外学者的研究发现，创新环境会对创新能力发生影响。但是创新环境是如何影响，以及如何配合和支持创新能力，需要进一步探讨和厘清。

1. 区域创新环境对创新主体的作用

第一，区域创新环境对行为个体提供了各种正式和非正式的交流渠道，从而促进了知识的交流，而这种交流对于新观念的传播和创新非常重要，为相互学习和创新提供了满意的条件。在当代社会，没有本地行为主体之间的联系，或者本地行为主体之间联系微弱，就没有创新，或创新不足。

第二，区域创新环境将企业连接到更广泛的创新体系中，使创新活动进一步在地理空间扩散，企业可以通过网络联系，不断推动知识创新的增值，推动创新在区域内企业间的扩散。

第三，区域创新环境使区域向自主创新转换。企业、大学、科研机构等行为主体单独或者联合进行研究与开发，并利用区内外资金，使创新成果在本区域实现商品化、产业化，使区域获得持续的技术优势和竞争力。或者区域内各行为主体作为学习型单元，可以通过不断学习、交流和合作，在引进、消化、吸收、利用外来技术的过程中，不断改造创新，使外来技术打上本地区域的烙印，并通过模仿创新后的技术提高本区域的竞争力。

第四，创新环境决定了技术创新的激励机制。技术创新过程是技术创新的主体在内在动力和激励机制的作用下进行的。外部激励机制有市场机制、政府的激励机制和科技推动机制。前两者是由区域创新环境决定的，科技推动机制不是由区域创新环境决定的，但受区域创新环境的影响。良好的创新环境可以增进企业间有效的合作，能降低企业间的交易费用，使边际社会成本不断下降，从而影响区域和企业能否获得竞争力。

2. 区域创新环境不是自在和孤立的

区域创新环境不是自在和孤立的，而是在与创新主体行动和关联中存在和发展的，并随着制度和社会变迁而不断演进。

第一，技术创新是一个系统工程，要求整个系统协同运作，任何一个分系统的不协调，都有可能导致创新的中止。

第二，技术创新存在一定的地区差异。创新是技术创新主体在一定的区域创新环境下自主做出的行为。事实上技术创新不是均匀地分布在所有地区，而是存在着一定的空间聚集，并向其他地区扩散，即技术创新存在一定的地区差异，并存在着明显的群集现象。集中在一些高校附近的知识中心，成为技术创新的源头，如美国加利福尼亚州的硅谷形成了软件集群，波士顿形成了生物集群，新泽西形成了通信产业集群。

第三，创新主体在区域分布上的不断变迁。在第一次科技革命时，蒸汽机、机车等发明及创新主要是在英国；在第二次科技革命时，技术创新主要集中在德国和美国；第三次科技革命时，计算机软、硬件及基因工程等方面创新主要是在美国。

第四，区域创新系统以技术创新为中心，并与创新环境相互作用，形成动态变化。一方面，区域创新环境作为条件限制技术创新主体的行动取向和范围，又为创新行为提供了条件和工具。另一方面，区域创新环境也不是孤立的，而是在和创新主体的行动和关联中存在发展的，并随着制度和社会的变迁而不断演进。

第五，区域创新环境与企业创新发展基本上是双向互动关系。一方面，区域环境因素不同程度影响企业的创新活动；另一方面，企业行为也反作用于区域创新环境。技术创新改变人类社会的物质基础，改变人类的生存环境，改变人类社会的生产方式，对经济结构产业结构和就业结构等都有巨大的影响，并极大地影响和改变人类的社会政治生活；改变人类社会的思想观念模式，影响社会的文化生活，促进人类精神世界的变革，改变人们的价值思维、价值认识、价值判断，以科学的态度去对待社会生活。在区域创新系统内，企业群与政府、高校与科研机构、中介等结成区域创新网络，并影响政府的政策法律；高校科研机构与企业之间的整合，成为知识技术的源头，提供创新教育，培养创新人才，传播创新文化，促进了新的技术创新的可能。

第六，环境与区域创新能力交互相融、协同作用。创新环境营造的目的是促进创新网络的发展，从而导致协作创新的不断产生。而区域创新网络的发展又促进了创新环境完善，形成区域内创新的“产业空气”，推动创新的发生。区域创新环境的初步建立又成为区域创新环境进一步向高级层次过渡和发展的动力和基础。

3. 区域创新环境可以培育、形成和完善

技术创新主体的内在动力，在一定的区域创新环境下才能被激发。可以在区域创新环境中形成激励机制并提供必要的手段和良好的环境，支撑创新活动进行。因此，良好的区域创新环境的培育形成，途径有：

第一，政府行为。包括建设各个行为主体合作交流学习的硬条件，如努力改善交通通信信息设施，确保知识信息快速的流通，挖掘和学习人文创新精神，通过政策法规等对企业提供经营优惠条件，组织行为主体之间的交流协作，促使创新更快更好地形成。通过教育和科研机构加快知识信息的生产、重组，增加交流机会，奖励重大创新，尊重人才。

第二，政府引导下的行为。政府诱发的企业间、中介服务机构、政府和个人间的组织层次网络的建设和发展。

总之，区域创新环境的培育和发展要求各行为主体积极参与区域经济发展，努力改善交通通信信息设施，确保知识信息快速流通；大力挖掘人文创新精神，为创新的产生提供不竭的动力；加强行为主体之间的交流协作，促使创新更快更好地形成；依靠但不局限于教育和科研机构，加快知识信息的生产、重组。

四、创新环境构成要素

本章将区域创新环境划分为 6 个构成因素：基础设施环境、劳动者素质、金融环境、创新创业水平、知识流动水平、知识吸收水平，如表 3 - 1 所示。

表 3－1　　创新环境指标体系

创新环境（B2）	基础设施（C3）	货物周转量（D7）； 公路拥有量（D8）； 长途光缆线路长度（D9）； 固定资产投资总额（D10）
	劳动者素质（C4）	新增大学毕业生（D11）； 教育经费支出（D12）； 教育经费总投入（D13）
	金融环境（C5）	大中型工业企业科技活动筹集经费（D14）； 专项贷款（D15）； 企业技术开发贷款比重（D16）
	创新创业水平（C6）	私营企业户数（D17）； 高科技企业产值（D18）； 新注册企业数（D19）
	知识流动水平（C7）	地区技术市场的交易合同金额（D20）； 技术市场交易额占比（D21）
	知识吸收水平（C8）	地区贸易专业化指数 TSI（D22）； 外商直接投资 FDI（D23）； 贸易逆差（D24）

1. 基础设施

基础设施是一个地区创新要素流动的载体。包括：信息和知识的载体，如有线和移动电话、互联网、计算机的发展水平等；物流的载体，如公路、铁路、民航和水运等多种运输方式。体现基础设施的主要指标有：货物周转量、公路拥有量、长途光缆线路长度、固定资产投资总额等。

2. 劳动者素质

劳动者素质是一个综合指标。随着现代科技的不断发展，创新中人的因素越来越重要，所有的创新活动都是以人为主的创造活动。人的因素是创新能力关键因素，也是促进经济发展的重要条件。由于创新过程的互动性，创新会从大量高素质劳动力的存在中受益。一般来说，当地教育水平越高，劳动者素质也越高。区域内劳动力素质高，创新需要的人才就容易获得，就可能在投入一定的情况下，创造出更多的创新成果。体现劳动者素质的主要指标有：新增大学生毕业人数、教育经费支出、教育经费总投入等。

3. 金融环境

金融环境是创新活动非常重要的支持产业。金融生态环境是否优越，资金是否充足，是否能为创新活动提供良好的资金支持，都会影响创新能力，进而影响经济发展。体现金融环境的主要指标有：大中型工业企业科技活动筹集经费、专项贷款、企业技术开发贷款比重等。

4. 创新创业水平

创新创业水平高低是一个地区经济有没有活力的重要标志。创新创业水平、创新能力都是区域经济可持续发展的重要保证。一个区域内要有良好的创业文化和传统，形成良好的创业氛围，这将大大地推动创新活动提高创新的效率。体现创新创业水平的主要指标有：私营企业户数、高科技企业产值、新注册企业数等。

5. 知识流动水平

创新参与者之间的合作和交流越紧密，利用技术贸易（有偿利用）和技术外溢（无偿利用）越有效，流动越充分，创新能力越强。一个地区的创新能力不仅取决于原创知识的创造能力，对于落后地区来说，更取决于本地区是否能够获得和运用全球的创新成果，取决于各部门之间能否进行顺畅的知识合作与分享。体现知识流动水平的主要指标有：地区技术市场的交易合同金额、技术市场交易额占国内生产总值（GDP）比重等。

6. 知识吸收水平

知识吸收一般通过贸易和投资来实现。开放程度越高，“干中学”和利用技术外溢的可能性就越高。

贸易的顺逆差，吸收国外企业的投资使落后地区更方便地模仿、学习先进企业管理经验、科学技术。通过参与国际贸易（尤其是高技术产品的进口），一个地区可以获得发达国家和地区的技术信息、知识和管理经验。对于自主创新能力不是很强的地区来说，利用区域外部的条件、吸收外部的创新资源，积极实施创新，获得发达国家和地区的技术信息和知识的可能性越大，创新能力就越强。体现知识吸收水平的主要指标有：地区的贸易专业化指数（TSI）、外商直接投资（FDI）、贸易逆差等。

五、创新环境对创新能力的作用机制

（1）从系统论的角度，区域创新环境由基础设施、劳动者素质、金融环境、创新创业水平、知识流动水平、知识吸收水平等要素构成，每一类要素对创新能力具有特定功能。第一，基础设施条件。区域内基础设施的条件好，信息交流顺畅，可以降低搜寻成本和成交成本，提高学习交流的效率；交通便利使得物流顺利流动，大大降低了信息和物质的交易成本，提高了要素的流动效率。相反，如果一个地方信息闭塞，知识的交流和沟通就无法通畅；交通条件差，物流和人流无法顺利地流动，使得创新要素的配置效率下降，也就阻碍了创新能力的发展。第二，劳动者素质。所有的创新活动都是以人为主的创造活动。由于创新过程的互动性，创新会从大量高素质劳动力的存在中受益。一般来说，当地教育水平越高，劳动者素质也越高。区域内劳动力素质高，创新需要的人才就容易获得，就可能在投入一定情况下，创造出更多的创新成果。第三，金融环境。创新活动离不开资金的支持，需要金融环境为其提供活动所需的源源不断的资金。资金充足，金融生态环境优越，能为创新活动提供良好的资金支持，区域创新能力容易得到加强。相反，资金短缺，金融生态环境脆弱，无法为创新活动提供资金支持，就会降低创新能力，也因此阻碍经济的正常发展。第四，创新创业水平。创新往往是通过人们的创业实现的。创新创业水平的高低是一个地区经济有没有活力的重要标志。创新创业水平越高，创新能力就越强，进而区域经济发展有了持续的保证。一个区域内如果有良好的创业文化和传统，形成良好的创业氛围，使创新活动通过创业得以实现。第五，知识流动水平。知识流动水平间接反映创新网络中各参与者之间交换和合作强度。创新参与者之间的合作和交流越紧密，利用技术贸易和技术外溢越有效，流动越充分，创新能力就越强。对于落后地区来说，创新能力不仅取决于原创知识的创造能力，更取决于本地区是否能够获得和运用全球的创新成果，取决于各部门之间能否进行顺畅的知识合作与分享。第六，知识吸收水平。知识吸收一般通过贸易和投资来实现。开放程度越高，“干中学”和利用技术外溢的可能性就越高。通过参与国际贸易，一个地区可以获得发达国家和地区的技术信息、知识和管理经验。对于自主创新能力不是很强的地区来说，利用区域外部的条件、吸收外部的创新资源，积极实施创新，获得发达国家和地区的技术信息和知识的可能性越大，创新能力越强。

（2）区域内各环境要素的协同更容易形成有效创新。区域创新网络中各节点的行为活动受环境的影响、制约。第一，区域创新网络必须根植于当地的创新环境，受区域中制度、规则、社会资本等因素的约束，区域内各个行为主体间的合作更容易形成有效的创新。第二，优化、整合资源要素功能。区域创新环境可以优化、整合包括基础设施、人才资源、资金、信息资源、管理知识和文化等创新资源，形成区域协同作用，提高区域的创新能力，形成区域创新合力。第三，区域创新环境构建了区域内外的创新产品和信息产生、沟通和衔接的通道，汇集了区域创新主体所掌握或创造的创新知识，为各创新主体开展创新活动提供信息、技术、管理、知识和文化资源；汇聚了区域创新消费者的多样化需求，使区域经济的增长建立在知识创新和技术创新的基础上。第四，构建了创新知识的交流、学习平台。区域创新环境依托信息层次网络，构建了由网络信息、技术、管理、知识和文化交流平台组成的，储存创新成果的学习层次网络。学习层次网络为区域各创新主体提供了一个相互依存的学习环境，为各创新主体学习、继承创新体系已有的创新成果和创新能力提供信息载体。学习层次网络不仅有利于逐步提高创新主体的自主创新能力，还可以提高创新主体对先进知识的消化、吸收能力。第五，营造了激励、保护创新的社会人文环境。区域创新环境将参与技术创新活动的各主体要素组织起来，形成一个相互联系、相互作用、相互支撑的创新体系，营造了一种有利于创新的创造、实现和保护的社会人文环境。政策法规、管理体制、创新创业激励机制和知识产权制度等制度和政策体系，共同构成社会人文环境，体现了创新主体主要素质的创新文化和协调各活动主体之间协作关系。

六、小结

创新环境是在一定的地理区间内，与创新相联系的政府和创新主体（创新的机构和组织）与非主体要素（创新所需要的物质和非物质条件）通过相互之间的协同和学习，进而影响区域内创新活动获得成功的各种条件总和。因此，从本质上说，区域创新环境是指能促进创新能力提高的一切条件和保障。创新环境的基本特征是包括系统性与复杂性、动态性与学习性、特色与差异性、营养和激励性在内的统一结合。区域创新环境对创新主体起作用，区域创新环境不是自在的和孤立的，而是在和创新主体的行动和关联中存在和发展着的，并随着制度和社会的变迁而不断演进。区域创新环境可以培育、形成和完善。

区域创新活动必须有一个良好的创新环境作为基本支持平台。随着区域创新体系建设和创新活动的开展，区域创新环境在区域创新发展中的地位和作用变得日益重要。创新环境是一个能够促进创新能力的系统。良好的创新环境可以优化、整合区域内的创新资源，推动区域经济的持续发展，提高区域经济的竞争力，为区域经济内产业结构升级提供技术支撑，从而形成更大规模的经济增长效应。基于此，为在资源约束条件下的欠发达地区，发现并克服区域创新能力形成的制约条件，通过工具和条件的改进、有限资源的高效配置来提升创新的效率，寻找提升区域创新能力途径，提供了动力支撑。

创新能力的作用机制方面，明确了随着全新经济特征在区域竞争环境中的显现，创新主体发展所依赖的环境呈现出复杂多样的趋势。提升区域创新能力的行为除受到许多技术的高投入、高风险、高外部效应等制约创新主体的因素影响之外，技术的使用者和潜在使用者可能面临不确定性、信息不对称、学习成本等风险，导致新技术创造的动力不足，技术交流、交换、外溢不畅。除此之外，创新主体内部也可能面临着组织不力、人力资源失配和管理能力薄弱等内部障碍，使得技术创新过程中信息交流存在流动性障碍。因此，解决创新的激励、保护、扩散等问题，为创新提供良好的生成、发展环境，是提升区域创新能力的出路。创新既是与创效相统一的过程，也是创新要素整合的动态过程。创新环境建设是一个涉及政府、高校、科研机构、企业等方方面面的系统工程，是创新能力的复杂约束系统，要求政府在制定政策规划时就应该有一个符合本区域特色的通盘考虑和设计。

第四章　创新环境与创新能力关系的实证分析

一、方法介绍

相关分析研究是现象之间是否相关、相关的方向和密切程度，一般不区别自变量或因变量。回归分析则分析现象之间相关的具体形式，通过规定因变量和自变量确定变量之间的因果关系，建立回归模型，求解模型的各个参数，确定其因果关系，并用数学模型来表现变量之间的影响以及影响程度。

回归分析步骤：

（1）根据预测目标，通过市场调查和查阅资料，寻找与预测目标的相关影响因素，确定自变量和因变量。

（2）依据自变量和因变量的历史统计资料进行计算，在此基础上建立回归分析方程。

（3）进行相关分析。求出相关关系，以相关系数的大小来判断自变量和因变量的相关的程度。

（4）通过各种检验，且预测误差较小，才能将回归方程作为预测模型进行预测。

（5）利用回归预测模型计算预测值，并对预测值进行综合分析，确定最后的预测值。

二、假设

系统论认为，要把握一个系统，必须了解它所处的环境，把握环境对系统的影响。同理，要把握区域创新能力系统，分析其创新能力的高低，必须考察区域创新环境是否有利于创新能力的培育和发展，是否有利于区域经济的健康运行。创新环境是创新能力的支撑条件和保障。良好的区域创新环境能促生强大的区域创新能力，促进区域经济的健康发展。

根据环境要素构成的研究成果，区域创新环境的六大组成要素分别是基础设施水平、劳动力素质、金融环境、创新创业水平、知识流动水平、知识吸收水平。创新环境对创新能力的推动作用表现在：区域内基础设施的完善，信息交流顺畅，物流、人员流动便利，有益于创新能力的提高，促进区域经济的增长，降低交易成本；区域内劳动力素质高，就容易形成更高的劳动效率，可能在相同投入的情况下，创造出更多的创新成果；金融环境优越，能够为创新活动提供持续、充足的资金支持，使得区域创新能力加强；良好的创新创业文化和传统，有利于形成良好的创新创业氛围，创新创业水平就越高，使得创新活动容易通过创业得以实现。创新活动和创新成果产业化将大大推动创新活动的深度和广度，提高创新效率。因此，创新能力就越强；创新参与者之间的合作和交流越紧密，利用技术贸易（有偿利用）和技术外溢（无偿利用）越有效，流动越充分，创新能力就越强；对外开放的程度越高，越容易使落后地区更方便地模仿、学习先进国家和企业的管理经验、科学技术，获得发达国家和地区的技术信息和知识的可能性越大，创新能力就越强。

在此基础上形成假设1：由基础设施、劳动者素质、创新创业水平等要素构成的环境是决定创新能力的重要变量，是区域创新的持续因素。创新环境越好，区域创新能力就越强；创新环境越不好，创新能力就越不强。

按照环境的复杂性特征，上述环境六要素对创新能力的影响不应该是均衡的或等效的，换句话说，创新环境要素中有的要素对创新能力的影响是积极的，起的作用是主导的；有的要素对创新能力的影响是次要的。环境内部的要素作用是有层次分别的。

因而形成假设2：创新环境的各类要素对创新能力的影响存在差异，有的对创新能力的影响很强，有的影响一般。在资源约束条件下，为达到效率的最大化，政府在资源分配方面可以进行排序。

三、变量选择

（1）基础设施：常用指标有货物周转量、公路拥有量、长途光缆线路长度、固定资产投资总额等。其中：长途光缆线路长度数指标更多地体现了国家投资的成分；货物周转量指标容易忽视人员流动的内容；固定资产投资总额还包括了除基础设施之外的其他资产的内容；公路的拥有量能够体现出区域政府在完善本地基础设施方面的努力和成就，因此，本书选择用公路拥有量表示，反映地方政府在财政资源配置中对基础设施的重视程度。

（2）劳动者素质：常用指标有新增大学生毕业人数、教育经费支出、教育经费总投入等。其中：这些指标在表现劳动者素质方面效果相同，出于统计数据的获得性，选取新增大学生毕业人数，同时考虑毕业大学生需要经过培训和实习才有相应经验的积累，因此考虑滞后两年。本书采用新增大学生毕业人数值滞后两年指标，衡量一个地区对人力资本的投资强度。

（3）金融环境：常用指标有大中型工业企业科技活动筹集经费、专项贷款、企业技术开发贷款比重、金融机构年末贷款额度占地区生产总值（GDP）比重、金融机构年末存贷款总额占地区生产总值比重等。高的金融环境水平能够降低企业的融资成本，为企业获得融资提供重要支撑。出于统计数据的获得性，本书采用金融机构年末贷款额度占地区生产总值比重。该指标能够反映区域金融信贷市场规模，间接反映融资发展情况。

（4）创新创业水平：常用指标有私营企业户数、高科技企业产值、新注册企业数等。其中：一方面，存在统计数据获得性问题；另一方面，江西新注册企业包括大量的非创新企业，私营企业也只是创新创业的部分内容，创新能力参差不齐。因此，本书考虑用高技术企业产值表示，来衡量当地的创新创业氛围。

（5）知识流动水平：常用指标有地区技术市场的交易合同金额（TMA）和技术市场交易额占比。基于统计的获得性，以及表现知识流动水平方面效果相同，本书采用地区技术市场的交易合同金额（TMA）衡量，考察当地创新参与者之间的技术交往关系，间接反映创新网络中各参与者之间交换和合作强度。

（6）知识吸收水平：常用指标有地区的贸易专业化指数（TSI）、外商直接投资、贸易逆差等。其中：TSI =（出口额 - 进口额）/（出口额 + 进口额），作为欠发达的江西，要体现对发达地区技术外溢的吸收，是通过更多的高技术产品的进口，而不是通过更多的出口来实现。外商直接投资对专利几乎没有影响作用，也就是外商投资额度对专利申请数没有影响，表明外商直接投资对我国的创新能力的提高并没有像人们预期的那样，技术外溢作用并不明显，原来设想的市场换技术的战略目标并没有达到。总体来看，外商直接投资并没有带来创新能力的提高。相反，更多是购买模仿等手段来获得技术的提升。[①] 因此，本书采取贸易逆差，即进口额 - 出口额表示。该指标用来衡量地区可以利用外部技术信息和知识的程度。对于欠发达地区来说，进口商品更多体现了资本和技术密集的特征，出口商品更多体现劳动密集的特征。因此，贸易逆差越大，表明地区利用从外部获得的先进技术知识的可能性越大。通过参与国际贸易（尤其是高技术产品的进口），一个地区可以获得发达国家和地区的技术信息和知识。

（7）创新能力因变量：各地区不同创新机构的研究开发投入仅反映了创新活动的投入，因此有必要从创新活动产出指标来分析各地区不同创新机构的创新成果。阿克斯、安瑟林和瓦格（Acs，Anselin and Varga，2002）认为，专利授权用来衡量区域创新能力存在片面性，但由于数据容易获取，且和创新关系密切，而且多年来专利标准客观、变化缓慢，所以专利仍是衡量创新活动的相对可靠的指标。弗立契和斯拉夫切夫（Michael Fritsch and Viktor Slavtchev，2007）在研究大学对区域创新能力影响的文献中，也是以专利申请数作为衡量区域创新能力的指标，他们认为，专利申请数作为非负的整数，服从泊松分布。李习保（2007）也是以发明专利授权量来衡量创新产出效率。因此，本书选取能够代表自主创新能力的专利授权量来衡量江西区域创新能力。

相关指标数据，如表 4 - 1 至表 4 - 6 所示。

表 4 - 1　　　　1998 ~ 2019 年江西区域基础设施指标

年份	货物周转量（亿吨公里）	公路拥有量（公里）	长途光缆线路长度（公里）	固定资产投资总额（万元）
1998	650.040	36867	4739	4547650
1999	702.320	36918	4965	4914811
2000	746.900	60292	5556	5482004
2001	747.120	60314	12240	6604942
2002	801.600	60696	13901	9246027
2003	879.500	61233	13857	13799696
2004	867.230	61860	14607	18196590

① 党文娟，邓莉，杨红. FDI 流入与各省区创新能力关系的实证分析 [J]. 统计与决策，2009（11）：73 - 75.

续表

年份	货物周转量（亿吨公里）	公路拥有量（公里）	长途光缆线路长度（公里）	固定资产投资总额（万元）
2005	881.640	62300	16252	21689712
2006	947.760	64522	17556	26855744
2007	1026.920	130691	20667	33019427
2008	1059.400	133847	20381	47454333
2009	2350.910	137011	20989	66431422
2010	2738.700	140597	21201	87722717
2011	3004.023	146618	21336	87375985
2012	3448.967	150595	21492	107741579
2013	3646.046	152067	21500	128502527
2014	3829.971	155515	19998	150792554
2015	3753.237	156625	21115	173881278
2016	3897.551	161909	21496	196942104
2017	4217.068	162285	25397	220853390
2018	4528.300	161941	28385	244705556
2019	3858.780	209131	31537	267463173

资料来源：根据各年度的《江西省统计年鉴》《江西省工业统计年鉴》相关数据整理所得。

表 4-2　　1998～2019 年江西区域劳动者素质状况

年份	新增大学毕业生（人）	教育经费支出（千元）	教育经费总收入（千元）
1998	24433	2529478	4071905
1999	23709	2807590	4600041
2000	22938	3215393	5106241
2001	25057	3580560	6586183
2002	24449	4094138	7527766
2003	27602	4991446	9873848
2004	35047	5949088	10869958
2005	47167	6858357	13498648

续表

年份	新增大学毕业生（人）	教育经费支出（千元）	教育经费总收入（千元）
2006	65386	7371270	14046901
2007	97781	9224789	18896543
2008	141085	11161758	22155726
2009	218965	18573671	28500484
2010	264549	33353072	33510238
2011	213303	37046170	37832003
2012	225943	44336547	45125865
2013	222416	56798515	63169737
2014	232048	76945578	77460740
2015	240601	80909896	82949064
2016	240289	87732463	89429696
2017	234541	95119619	97453154
2018	256369	103026399	104927138
2019	295985	113325068	117440225

资料来源：根据各年度的《江西省统计年鉴》《江西省工业统计年鉴》相关数据整理所得。

表 4－3　　　　　　1998～2019 年江西区域金融环境

年份	大中型工业企业科技活动筹集经费（万元）	专项贷款（万元）（滞后两年）	贷款比重（滞后三年）（%）	金融机构年末贷款额占 GDP 比重（%）	金融机构年末存贷款额占 GDP 比重（%）
1998	49682. 7	15936. 7	26. 6	0. 932	1. 844
1999	61422. 1	12022. 9	32. 1	0. 915	1. 879
2000	64916. 0	9257. 9	19. 6	0. 869	1. 850
2001	77967. 4	5792. 5	14. 3	0. 865	1. 916
2002	106582. 9	6509. 6	7. 4	0. 870	1. 974
2003	114696. 2	5813. 0	6. 1	0. 905	2. 057
2004	127811. 6	3248. 1	5. 1	0. 840	1. 946
2005	182735. 5	5110. 2	2. 5	0. 766	1. 894

续表

年份	大中型工业企业科技活动筹集经费（万元）	专项贷款（万元）（滞后两年）	贷款比重（滞后三年）（%）	金融机构年末贷款额占 GDP 比重（%）	金融机构年末存贷款额占 GDP 比重（%）
2006	241255.0	13607	2.8	0.737	1.847
2007	329054.0	16702	5.6	0.697	1.718
2008	493106.0	23476	5.1	0.655	1.695
2009	6590665.0	636351	4.8	0.832	2.050
2010	797888.0		9.7	0.827	2.089
2011				0.792	2.021
2012				0.853	2.158
2013				0.906	2.265
2014				0.987	2.362
2015				1.093	2.570
2016				1.181	2.753
2017				1.272	2.872
2018				1.336	2.880
2019				1.434	3.007

资料来源：根据各年度的《江西省统计年鉴》《江西省工业统计年鉴》相关数据整理所得。

表 4-4　　1998～2019 年江西创新创业水平

年份	江西私营企业户数（家）	高技术产业总产值（亿元）
1998	21985	104.81
1999	25376	103.22
2000	25442	118.89
2001	29441	125.39
2002	38979	155.70
2003	48995	141.66
2004	60855	165.30
2005	71129	234.03
2006	85200	331.56

续表

年份	江西私营企业户数（家）	高技术产业总产值（亿元）
2007	93752	445.65
2008	102304	586.04
2009	123900	755.65
2010	169952	1037.50
2011	194035	1418.60
2012	226000	1856.70
2013	263000	2289.60
2014	329000	2611.90
2015	404000	3318.10
2016	479000	3913.60
2017	544000	4333.30
2018	648000	4753.00
2019	758000	5233.00

资料来源：根据各年度的《江西省统计年鉴》《江西省工业统计年鉴》相关数据整理所得。

表 4－5　　　　1998～2019 年江西知识流动、知识吸收

年份	实际利用外商直接投资额（万美元）	贸易专业化指数	地区技术市场的交易合同金额（万元）	商品出口－商品进口（绝对值）
1998	46493	0.63	38332.00	610239
1999	32080	0.38	51444.00	489498
2000	22724	0.47	69299.00	743065
2001	39575	0.36	62724.00	655100
2002	108725	0.24	62891.25	412634
2003	161234	0.19	83323.40	638164
2004	205238	0.13	93661.00	453147
2005	242258	0.20	111227.00	339323
2006	280657	0.21	93135.00	400150
2007	310358	0.15	99573.91	379750
2008	360368	0.13	77640.59	673101

续表

年份	实际利用外商直接投资额（万美元）	贸易专业化指数	地区技术市场的交易合同金额（万元）	商品出口－商品进口（绝对值）
2009	402354	0. 15	99082. 70	1052834
2010	510084	0. 24	230479. 09	1107028
2011	605881	0. 39	343193. 10	1280812
2012	682431	0. 50	397796. 00	1338897
2013	755096	0. 53	413688. 00	3529697
2014	845074	0. 50	507593. 00	7934474
2015	947321	0. 56	648282. 00	10606708
2016	1044056	0. 49	790077. 00	12205889
2017	1146373	0. 47	961896. 00	13089566
2018	1257166	0. 41	1158095. 00	14744465
2019	1357905	0. 42	1486137. 00	12859365

资料来源：根据各年度的《江西省统计年鉴》《江西省工业统计年鉴》相关数据整理所得。

表 4－6　　　　1998～2019 年江西区域各变量

年份	公路拥有量（公里）	新增大学生毕业人数（人）	金融机构年末贷款额占 GDP 比重（%）	高技术企业产值（亿元）	地区技术市场的交易合同金额（万元）	知识吸收水平（万美元）	专利授权量（件）
1998	36867	24433	0. 932	104. 81	38332	610239	765
1999	36918	23709	0. 915	103. 22	51444	489498	1011
2000	60292	22938	0. 869	118. 89	69299	743065	1072
2001	60314	25057	0. 865	125. 39	62724	655100	999
2002	60696	24449	0. 870	155. 70	62891	412634	1044
2003	61233	27602	0. 905	141. 66	83323	638164	1238
2004	61860	35047	0. 840	165. 30	93661	453147	1169
2005	62300	47167	0. 766	234. 0274	111227	339323	1361
2006	64522	65386	0. 737	331. 5584	93135	400150	1536
2007	130691	97781	0. 697	445. 65	99574	379750	2069
2008	133847	141085	0. 655	586. 04	77641	673101	2295

续表

年份	公路拥有量（公里）	新增大学生毕业人数（人）	金融机构年末贷款额占 GDP 比重（%）	高技术企业产值（亿元）	地区技术市场的交易合同金额（万元）	知识吸收水平（万美元）	专利授权量（件）
2009	137011	218965	0. 832	755. 65	99083	1052834	2915
2010	140597	264549	0. 827	1037. 50	230479	1107028	4351
2011	146618	213303	0. 792	1418. 60	343193	1280812	5550
2012	150595	225943	0. 853	1856. 70	397796	1338897	7985
2013	152067	222416	0. 906	2289. 60	413688	3529697	9970
2014	155515	232048	0. 987	2611. 90	507593	7934474	13831
2015	156625	240601	1. 093	3318. 10	648282	10606708	24161
2016	161909	240289	1. 181	3913. 60	790077	12205889	31472
2017	162285	234541	1. 272	4333. 30	961896	13089566	33029
2018	161941	256369	1. 336	4753. 00	1158095	14744465	52819
2019	209131	295985	1. 434	5233. 00	1486137	12859365	59140

资料来源：根据各年度的《江西省统计年鉴》《江西省工业统计年鉴》相关数据整理所得。

四、相关性分析

利用 EView 4. 0，对江西区域创新环境和创新能力得分进行分析，定量研究两者之间的关系。相关性分析结果见表 4 –7。

表 4 –7　　相关性分析结果

发明专利授权量	a1	b1	a6	a9	a10	a13	VAR00004
Pearson Correlation	0. 713 **	1	0. 984 **	0. 951 **	0. 940 **	0. 685 **	0. 929 **
Sig. (2 – tailed)	0. 000		0. 000	0. 000	0. 000	0. 000	0. 000
N	22	22	22	22	22	22	22

注：a1：基础设施；a6：知识流动水平；a9：创新创业水平；a10：知识吸收水平；a13：劳动者素质；VAR00004：金融环境；** 表示在 5% 的水平上显著。

1. 基础设施与创新能力相关性分析

基础设施用公路拥有量表示，根据上面的统计数据，经过统计检验，我们得出江西省的基础设施与创新能力之间存在着正相关关系的结论，Pearson 相关系数为 0.713（样本容量为 22，双尾检验，显著性概率 p = 0.000，相关系数显著异于 0 的）。说明从总体上说，基础设施水平的提高能够提升创新能力，验证了我们的理论分析。基础设施与创新能力的相关系数超过 0.7，说明 1998 年以来基础设施的改善对江西创新能力贡献巨大，提高基础设施水平是提升江西创新能力的有效举措。

2. 劳动者素质与创新能力的相关性分析

劳动者素质用新增大学生毕业人数滞后两年值表示，大学毕业生在工作初期是积累工作经验时期，根据上面的统计数据，经过统计检验得出，江西省的劳动者素质与创新能力之间存在着正相关关系的结论，Pearson 相关系数为 0.685（样本容量为 22，双尾检验，显著性概率 p = 0.000，相关系数是显著异于 0 的）。这说明从总体上说，劳动者素质的提高能够提升创新能力，验证了我们的理论分析。劳动者素质与创新能力的相关系数接近 0.7，说明 1998 年以来的劳动者素质的提高对江西创新能力的贡献巨大，加大教育的投资力度有助于江西区域创新能力的提升。

3. 金融环境与创新能力的相关性分析

金融环境用金融机构年末贷款额度占地区生产总值（GDP）的比重，根据上面的统计数据，经过统计检验，我们得出江西省的金融环境与创新能力之间存在着正相关关系的结论，Pearson 相关系数为 0.929（样本容量为 22，双尾检验，显著性概率 p = 0.000，相关系数显著异于 0 的），说明从总体上说，金融环境的改善能够显著提升江西创新能力，验证了理论分析。说明 1998 年以来金融环境的提高对江西创新能力具有很大贡献，加强金融环境建设有助于江西区域创新能力的提升。

4. 创新创业水平与创新能力的相关性分析

创新创业水平用高技术企业产值表示，根据统计数据，经过统计检验得出，江西省的创新创业水平与创新能力之间存在着正相关关系的结论，Pearson 相关系数为 0.951（样本容量为 22，双尾检验，显著性概率 p = 0.000，相关系数是显著异于 0 的），说明从总体上说，创新创业水平的提高能够提升江西创新能力，验证了我们的理论分析。创新创业水平与创新能力的相关系数超过 0.9，这说明创业水平大大影响创新能力，营造创新创业氛围，鼓励和保护创新创业，是提升江西创新能力的有效举措。

5. 知识流动水平与创新能力的相关性分析

知识流动水平用地区技术市场交易合同金额表示，根据上面的统计数据，经过统计检验得出，江西省的知识流动水平与创新能力之间存在着正相关关系的结论，Pearson 相关系数为 0.984（样本容量为 22，双尾检验，显著性概率 $p=0.000$，相关系数是显著异于 0 的），说明从总体上说，创新创业水平的提高能够提升江西创新能力，验证了我们的理论分析。知识流动水平与创新能力的相关系数超过 0.9，说明知识流动水平与创新能力存在很强相关性，知识流动水平高，知识流通顺畅，有利于江西提高区域创新能力水平。

6. 知识吸收水平与创新能力的相关性分析

知识吸收水平用（进口额 - 出口额）表示，根据上面的统计数据，经过统计检验，我们得出江西省的知识吸收水平与创新能力之间存在着正相关关系的结论，Pearson 相关系数为 0.940（样本容量为 22，双尾检验，显著性概率 $p=0.000$，相关系数是显著异于 0 的），说明从总体上说，知识吸收水平的提高能够提升江西创新能力，验证了我们的理论分析。知识吸收水平与创新能力的相关系数超过 0.9，说明知识吸收水平与创新能力之间存在很强相关性，知识吸收水平高，学习能力强，将促进江西创新能力的提升。

五、回归分析

结合江西区域创新环境各要素的评估得分与区域创新能力之间进行回归分析，来考察江西省区域创新环境各要素的构成与区域创新能力之间的定量关系。

回归方程中的自变量为：公路拥有量（TRL）、新增大学生毕业人数（GRT）、金融环境（VAR）、高技术企业产值（POV）、地区技术市场的交易合同金额（STC）、知识吸收水平（KNI）。因变量为专利授权量（PAG）。

拟合方程为：

$$PAG=\beta+\alpha_1\times\log(TRL)+\alpha_2\times\log(GRT_{-2})+\alpha_3\times\log(VAR)+\alpha_4\times\log(POV)+\alpha_5\times\log(STC)+\alpha_6\times\log(KNI)$$

拟合结果如表 4 - 8 所示。

表 4－8　　回归方程拟合结果

变量	系数	标准差	t 值	概率
β	0.576335	2.695864	0.21	0.834
log(TRL)	0.218002	0.185291	1.18	0.258
log(GRT_{-2})	-0.200089	0.166249	-1.20	0.247
log(VAR)	1.457847	0.426968	3.41	0.004
log(STC)	0.173167	0.139304	1.24	0.233
log(POV)	0.738953	0.222029	3.33	0.005
log(KNI)	0.054255	0.096544	0.56	0.582

即 $\alpha_1=0.218002$，$\alpha_2=-0.200089$，$\alpha_3=1.457847$，$\alpha_4=0.738953$，$\alpha_5=0.173167$，$\alpha_6=0.054255$，并且在10%显著性水平都是显著的。log(TRL)每增加1个单位，PAG将增加0.218个单位；log(GRT_{-2})每增加1个单位，PAG减少0.2个单位；log(VAR)每增加1个单位，PAG增加1.458个单位；log(POV)每增加1个单位，PAG增加0.739个单位；log(STC)每增加1个单位，PAG增加0.173个单位；log(KNI)每增加1个单位，PAG增加0.054个单位。其中，金融环境对创新能力的影响最大（$\alpha_3=1.457847$），依次是高技术产值、基础设施、知识流动水平、新增大学生毕业人数，知识吸收水平对于创新能力的影响最小。由回归系数可以看出，创新环境中六个要素对于创新能力的影响除了劳动力素质都是正向的。创新环境中多数要素的优化都将提升区域创新能力。

从1998～2019年江西的基础设施的执行情况看，政府十分重视基础设施的建设，公路、铁路、港口和航空等建设在全省铺开；电话、电视基本普及到了农村，手机的拥有率普遍提高；互联网在城市越来越普及。基础设施建设的日益改善，较大促进了江西的创新能力的提升。

同时期，高校的扩招，免费的义务教育，科教兴赣战略的提出和实施，职业教育、社区教育和下岗工人再培训工程的深入展开，农民工培训等的实施，使劳动力素质得到很大提高。然而新增大学生毕业人数虽然逐年提升，对创新能力的刺激并不大。政府要通过各项举措，减少优质毕业生的流失，提升劳动力素质，促进劳动力素质与创新能力同步提升。

随着全民创业活动的深入开展，江西掀起了全民创业的热潮，在一些历史和文化条件较好的地区逐渐形成有利于创新创业的文化，创业园、高新技术产业园和工业园区的创立和发展日益成为地区创新的主要力量。

随着市场竞争的加剧，国家加大了对科技创新活动的投入，中央和地方政府创新基金的增加，从资金上支持了重要科研项目。科研院所、企业等创新主体也纷纷加大了对研发的投入力度。同时，更加注重通过技术交易市场获得自己所需的创新技术，都刺激了江西创新能力的提高。

江西加大了对外开放力度，各地都在吸引外资方面下大力气，花真功夫，为江西吸收外国先进技术和管理经验，提升本地区创新能力起到促进作用。

另外，江西金融体制市场化改革在稳步推进，在融资渠道上支持了一些企业的创新活动，使金融环境真正对创新活动起到支撑性作用。

六、实证结果

通过研究和分析有以下发现：

（1）江西省创新环境各要素（劳动力素质除外）与创新能力之间存在较强的正相关关系。这意味着从创新环境对区域创新能力的影响看，创新环境中基础设施、金融环境、创新创业水平、知识流动水平、知识吸收水平都对区域创新能力具有在正向影响，劳动力素质对创新能力具有不显著的负向影响。创新环境中除了劳动力素质外的各要素的提高都会提升区域创新能力。

（2）江西省区域创新环境构成要素对各自的贡献大小存在着明显差异。实证分析对贡献度可以进行精确测量和排序。按照贡献度的排名是：金融环境 > 创新创业水平 > 基础设施 > 知识流动水平 > 知识吸收水平 > 劳动者素质。其中，金融环境和创新创业水平对创新能力的影响最大，基础设施、知识流动水平和知识吸收水平次之，劳动力素质目前对创新能力的提升起到负向的作用。具体测量结果为：金融环境每增长 1%，拉动创新能力为 1.458% 左右；创新创业水平每增长 1%，拉动创新能力为 0.739% 左右；知识流动水平每增长 1%，拉动创新能力为 0.173% 左右；知识吸收水平每增长 1%，拉动创新能力为 0.054% 左右；劳动者素质每增长 1%，创新能力降低 0.2% 左右。

七、结论和启示

（1）加强环境要素的整合，提高协同效应。欠发达地区良好的创新能力不仅来自创新主体的创新活力，更来自良好的区域创新环境。创新环境可以通过几种方式产生协同效应：有助于区域内的企业技术创新能力的形成，提高企业自身对先进技术的消化、吸收能力，逐步形成企业自主创新能力；提供交流渠道，促进知识的创造、交流、学习，从而使创新活动进一步在地理空间扩散；提供要素流动平台，降低交易成本；通过创新企业和高新技术产业园区，形成区域经济中的新产业和新的经济增长点；为区域内的大量中小企业提供新技术和各种技术服务，形成更大规模的经济增长效应。政府应致力于环境的培育和打造，通过资源整合，提高协同效应，形成区域的创新合力。

（2）政府部门制定政策要“有所为，有所不为”。区域创新环境的各个要素对创新能力的影响不是均等的，其中金融环境和创新创业水平对创新能力的影响最大，基础设施、知识流动水平和知识吸收水平次之，劳动力素质目前对创新能力的提升起到负向的作用。基于此，对于欠发达地区来说，政府部门在制定政策时更应有所区别，应“有所为，有所不为”，尤其是在资金有限的客观条件下，重点改善科技合作、技术转移等对知识创新起显著作用的要素，加大对区域创新能力提高贡献较大的金融环境的改善和创新创业水平的投入。同时为科技合作、技术转移创造良好的环境。

（3）以环境改善的视角来提升区域创新综合能力。提高区域创新能力的综合能力是关键。从现在的发展趋势看，区域创新能力差异的扩大将严重导致区域经济发展不平衡的加剧，目前没有哪个创新能力强的地区是靠一两个优势的环境或能力来实现整体能力提升的。所以对于欠发达地区而言，若要缩小与发达地区的经济差异，提高区域创新能力的综合能力是关键。因此，要立足于创新主体的综合需求来改善区域创新环境。必须立足于创新主体需求来建立区域创新环境，建立适合创新主体发展的创新环境能够有效地促进区域经济的健康发展。培育和形成良好的区域创新环境。通过建立基础设施，增强社会文化吸引力，完善政策法规等为企业提供经营优惠条件，促进企业间、中介服务机构、政府和个人间的组织网络的建设和发展。

（4）培育良好的创新环境，是市场经济条件下各级政府义不容辞的责任，也应是政府推动创新的主要方式。政府必须正确定位自己，在营造创新环境中充分重视企业的需求，考虑企业的自发行为。而在企业自发形成的集群中，政府要发挥自身的优势，创新基础环境、制度环境等，形成良性循环，进而引导、规范创新主体进行创新活动。创新活动是一项高资金投入、高风险的经济活动。因此，需要加大金融资本市场对创新的支持作用。创新环境的改善也离不开相关社会主体的共同努力，各种行为主体之间应给区域创新环境的营造贡献力量。

八、小结

作为一个复杂系统，创新环境的各个要素对创新能力的影响不是均等的，会有一些要素对创新能力产生较大影响，也会存在一些对创新能力影响较弱的要素。通过相关性和回归分析，笔者探讨了欠发达地区创新环境各要素与创新能力之间的相关关系，创新环境各要素中基础设施、金融环境、创新创业水平、知识流动水平、知识吸收水平对区域创新能力产生正向影响，劳动力素质对创新能力具有负向不显著影响。创新环境各要素（除了劳动力素质）的提高会提升区域创新能力。通过回归分析发现，区域创新环境构成要素对创新能力的贡献大小存在着明显差异。其中金融环境和创新创业水平对创新能力的影响最大，基础设施、知识流动水平和知识吸收水平次之，劳动力素质目前对创新能力的提升起到负向的作用。实证分析明晰了各要素对创新能力的贡献度，通过较精确测量进行了排序。

第三篇　欠发达地区创新能力综合评价

笔者认为，创新环境与创新能力之间的关系是复杂的，单一的作用和机理不足以概括揭示两者的真实关系。除了内生方式的提升途径之外，创新能力越来越依赖于滋生创新能力的环境的作用，创新环境对创新能力的关系作用，已经并将更多通过影响创新能力的外生变量发生。因此，建立创新能力评价体系，进行创新能力综合评价，应该包含创新环境对创新能力的既有内生性，又有外生性的复杂作用。尤其在欠发达地区，要实现创新能力的提升，在创新能力不足的条件下，从创新环境方面入手，进行知识流动性的加快、创新创业的刺激、劳动者素质的提升、知识吸收水平的增强、基础设施的改善等方面，都是提升创新能力的有效方式。基于此，欠发达地区创新能力评价指标体系，包含了创新环境的支撑能力，以及创新的投入能力和创新产出的实现能力 3 个一级指标。其中，创新环境的支撑能力包含 6 个二级指标和 18 个三级指标；创新投入能力方面包含 2 个二级指标和 6 个三级指标；创新产出能力方面包含了 2 个二级指标和 7 个三级指标。给出了能力评价的几种分析方法，以及选择 DEA 方法的原因。并以江西为例，在掌握了大量数据以及对大量数据进行筛选的基础上，进行了横向和纵向的 DEA 方法评价。通过把技术效率分解为纯技术效率和规模效率，发现了纯技术因素和规模因素对欠发达地区区域创新效率影响，整体上出现创新环境的各要素的投入不够、劳动者素质不高、人们创新意识不足、创新创业的支持和引导不够、高新技术产业的技术没有顺利扩散、传导以及创新环境的各要素的配置不合理等问题，影响了欠发达地区创新能力提升。进而提出了制度的合理安排、技术创新等方面予以倾斜、适当调节创新规模等改进思路。

第五章　欠发达地区创新能力评价指标体系构建

一、欠发达地区区域创新能力评价的意义

对欠发达地区区域创新能力进行分级、量化评价，有助于了解该区域创新的内涵与本质，探究该区域创新问题与不足，探索该区域提升创新能力的途径，有利于进一步完善区域创新系统，为区域创新提供参考。

1. 有助于监测区域创新系统运行情况

区域创新能力评价体系可以直观地评价一个区域创新能力，衡量区域创新能力中各子因素（能力）的强弱，构建各区域创新能力相互比较的平台。通过评价现有区域当前创新能力，可以判断区域创新系统运行的有效性，发掘区域创新能力的总趋势以及优劣势，对区域创新系统的运行进行实时反馈，有助于及时发现问题，并进行有针对性的政策调控，为创新系统的建设指明方向。

2. 有助于合理确定创新能力方向

区域间由于自然、历史、文化以及经济社会发展的不平衡和独特性，区域创新评价体系也趋于具体化、个性化以及特殊化，即区域创新能力评价体系并不普遍适用，各种具体的评价体系都具有其存在的合理性。参照其他地区的经验和选择，通过差异化比较分析，确定本区域的相对地位和相对差异，通过系统、客观、全面、准确地评价本区域的创新能力，合理确定本区域的创新能力方向，为进一步的宏观调控与管理提供有利依据。

3. 有助于创新模式的完善与发展

由于区域发展的不平衡和创新环境要素的千差万别，不同区域在创新能力上的差别很大，甚至同一区域不同时期的创新能力也存在很大差别。这就决定了创新模式的多样性，不可能全部照搬发达地区的成功经验。立足于本区域各个方面创新能力的科学定量评估，可以对本区域的创新优势、

劣势一目了然，为政府淘汰落后的发展模式，改善创新模式，制定区域创新战略提供决策依据。

二、欠发达地区区域创新能力评价步骤

区域创新能力评价流程，如图 5 –1 所示。

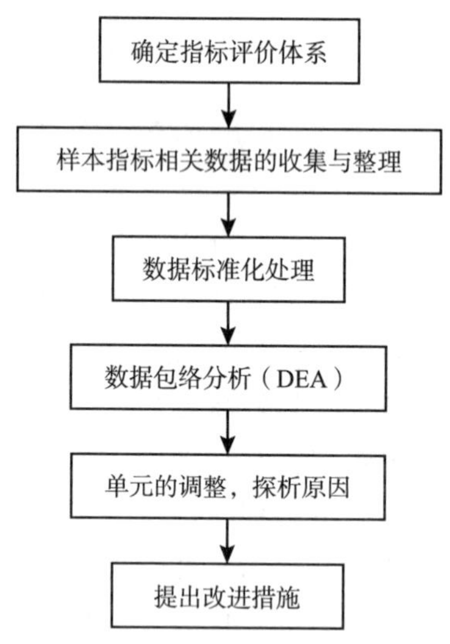

图 5 –1　区域创新能力评价流程

具体步骤如下：

（1）确定指标选择原则并制定指标评价体系。

（2）选取样本，依据样本指标进行相关数据的收集与整理。

（3）对所选原始数据进行标准化处理。

（4）建立横向、纵向比较决策单元，确定投入项、产出项，进行区域创新效率 DEA 评价。

（5）投入导向型的非技术有效单元的调整。

（6）结合综合情况，探析原因并提出相应对策和措施。

三、欠发达地区区域创新能力评价指标体系设计原则

评价指标体系的构建是一个对评价对象总体数量特征的认识逐步深化、

求精和完善的过程。评价体系的构建，首先必须解决评价指标选择问题。运用系统论基本思想方法，把区域持续创新发展指标体系逐层分解为各有侧重，又相互联系，能够系统综合反映创新能力的指标体系，以作为综合评价区域创新能力的重要依据。为使评价指标体系能从不同层面完整、全面、系统反映区域创新特征，区域创新能力指标的选择应遵循以下原则：

1. 科学性原则

科学性原则是确保区域创新评价结果合理的基础，它要求区域创新评价指标体系的设计，要尽可能在反映区域特点基础上，以现代统计理论为指导，科学合理、简单易行地反映区域的创新能力，做到各指标之间协调统一。指标体系应反映持续创新的内涵、区域的创新特点和特色，突出创新的作用。选择指标时，要尽可能突出指标的综合性功能。

2. 系统性原则

对一个区域的创新状况进行综合评价，要尽可能完整、全面、系统地揭示技术创新的全貌，要体现指标的代表性和关联度，防止以偏概全。要从总目标层出发，进行要素分解，逐层建立完整的评价指标体系。要防止突出一点，不及其余，以免评价结果出现系统偏斜。要提高评价结果的公正性和权威性。比如，一个地区技术创新能力关键是创新的系统化，而不是某一个方面的能力。许多事实表明，科技实力强不等于技术创新能力强，许多地区没有较强的科技基础，但仍然有很高的技术创新能力。关键是一个地区能否有效地利用各种知识为本地区创新服务。

3. 客观性原则

客观性原则是保证区域创新评价指标准确的基本要求，它要求我们在构建创新型区域评价指标体系时，应保证所选指标能正确、合理、客观地反映区域在创新方面的具体表现。在市场经济体系下，政府远离市场，不能直接指导企业的技术创新流动。衡量地方政府工作不是看其制定多少计划和给予多少干预，而是看其是否创造了一个有利于企业创新的环境。因此，需要强调创新环境建设的重要性。政府职能调整的关键是从依赖计划转向创造创新环境来推动区域的技术创新。

4. 操作性原则

影响区域创新的因素多种多样，有些可以量化，但有些难以量化。因此，在确立评价指标时，应坚持定性分析和定量分析相结合的原则。可操作性指设计指标时应尽可能选取规范化的定量指标，要考虑数据的可获得性。有的创新能力指标数据难以获得，或者获取数据成本高，我们尽量选取数据比较容易获取的指标，统计部门已有的指标。对于确实无法量化而又非常重要的可以选取定性指标，但应确立统一的标准。同时要做到指标选择简单，能够有效测度和统计，利于掌握与推广。必须兼顾一个地区发展的存量、相对水平和增长率三个维度。

按照上述四个原则，我们建立了欠发达地区区域创新能力分析框架和指标体系。

四、欠发达地区区域创新能力评价指标体系构成

区域创新能力是指区域创新主体在充分利用创新环境基础上，将知识转化为新产品、新工艺和新服务，并能推动当地经济发展，产生一定经济绩效的能力，是对该区域知识和技术发展状况的综合反映。知识，不只是本地区特有的、独创的创新知识，还包括通过技术贸易、技术外溢、“干中学”等通过交换和学习获得的区域外的知识。区域创新能力的实质是指区域创新知识的投入与创新产品产出转化效率。

一般来说，欠发达地区区域的创新能力体现在区域不仅通过自身的不断投入和积累，增强自主知识，同时，更能够不断地利用外部的技术外溢，补充自主知识的不足，从而使本区域的企业能够不断推出新的产品、新的服务，满足市场的消费需求，能够主动培植市场的消费热点，积极引导社会公众的消费潮流。因此，在指标体系中要显示欠发达地区创新能力的不足和需要通过域外“借力”的因素。

创新概念范围广，创新不只是创造新东西，更要考虑创新产品的市场效益，创新既是与创效（创造效益）相统一的过程，也是创新要素整合的动态过程，可以说凡是能提高资源配置效率的新活动都属于创新的范畴。其中，既有涉及技术性变化的创新，如技术创新、产品创新、过程创新；也有涉及非技术性变化的创新，如制度创新、组织创新、管理创新、市场创新、观念创新等。目前，国内学者对我国区域创新能力差异的研究，一般只对各地区创新能力进行排序和评价。由于采用过多的定性和主观评价指标，其结果往往不具有可比性。并且对导致这些差别的原因也没有给予定量解释、分析，或者很大程度仍然局限于描述性分析或提出一些政策建议。反映区域特色的指标很少，因此，需要从创新的主体、创新的内容、创新环境和创新经济绩效等各个方面综合反映了创新活动的全貌。创新活动既包括企业层面的科研活动，又包括非企业科研机构、高校等的创新活

动；创新活动的衡量指标既包括知识创造指标如研究投入 R&D、专利、科研论文和科研产出比等，又包括知识获得指标，如科技合作、技术转移和国外直接投资等，还包括知识应用指标如设计能力、制造和生产能力、新产品产值等。同时用基础设施、劳动者素质、金融环境和创新创业环境、知识流动水平和知识吸收水平等六个要素衡量创新环境，并从创新投入和产出能力方面考察创新效率。

（一）欠发达地区区域创新能力的要素构成分析

1. 区域创新能力的构成要素分析

从不同角度来分析区域创新能力的结构，其构成要素将不同。从国内外有关研究来看，代表性观点有：

（1）区域创新能力可分解为区域创新资源投入能力、研究开发能力、制造能力和营销能力。

（2）区域创新能力是区域组织能力、适应能力、分析能力和技术与信息获得能力的综合。

（3）区域创新能力是区域产品开发能力、改进生产技术能力、储备能力、生产能力、组织能力等的综合。

（4）区域创新能力包括 R&D 能力、技术引进与消化吸收能力、市场开拓与市场竞争能力、资金筹集与调度能力、对外协作能力、人才开发与继续教育能力等。

2. 综合视角下欠发达地区区域创新能力的构成要素

影响区域创新能力的因素很多，欠发达地区区域的创新能力应主要体现在创新的投入能力、创新的环境支撑能力、创新产出实现能力三个方面。按照流程将其归类划分为三个不同层次，并在每一个层次上细分出不同级别相关因素。

（1）创新的投入能力。创新投入能力是指区域投入创新资源要素的数量和质量，反映区域创新能力的基础性指标。创新主体是创新的机构和组织，包括科研院所、大学和企业，所以创新的投入应该包括政府和企业对这些主体的投入。创新投入能力主要考虑区域内部研发活动的投入，包括财力投入和人力投入两部分。

研发是创新的核心动力，是为了创造新的理论与实践的逻辑起点，它是区域取得核心竞争力的关键。研发是区域流程的第一个阶段，而且研发的投入存在很大的风险性。但是，为了保证区域的持续创新能力，区域必须要有一定的资金保证研发的可持续性。即使考虑到区域可能通过消化、吸收区域外的知识外溢，也需具备消化吸收的基本条件，也要求有一定的研发投入。研发的财力投入可以包括科技活动经费投入强度、R&D 经费支出、技术引进经费支出、企业技术开发费（含技改）等。

创新的投入还包括人力资源投入。人才是区域快速发展的根本，区域的兴旺发达，起决定性核心力量的因素是人，只有具备强大的研发、生产、销售和管理人员，区域创新才能形成一个有机的循环过程，创新才可以持续。在人力资源的投入方面，主要的影响因素是研发人员和其他技术人员的能力。研发人员的数量和高新技术产业从业人员比重是人力资源投入的主要内容。

（2）创新的环境支撑能力。创新环境支撑能力包括创造新知识、解决问题的能力、获得新知识的能力、影响产出的能力。这是区域创新能力的重要内容，是承接创新投入和产出的过程，是把研发结果变为区域直接生产力的过程，它要求完成对区域生产力诸要素的更新。一方面，按创新目标要求，充分考虑区域现有的基础和现实条件，改造区域物质技术基础；另一方面，通过组织创新和政策导向，调动劳动者的积极性，使整体素质上升到新的水平，从而使区域技术创新效率有所提高，最终导致区域技术创新实施过程的品质提高。通过影响创新的投入（包括人员的投入和资本的投入）和产出效率来影响整个区域的创新能力。它所要解决的核心问题，是利用区域可以利用的一切创新资源，通过影响科技成果的产出，尽可能地把科技成果应用于新产品和新工艺的开发，找一条切合本区域实际，以尽可能少的投入获得尽可能大的社会经济效益的可靠途径，以保证创新目标的实现。

基础设施是一个地区创新各种要素流动的载体。区域内基础设施条件好，信息交流顺畅，可以降低搜寻成本和成交成本，提高学习交流的效率；交通便利使得物流顺利流动，大大降低信息和物质的交易成本，提高要素的流动效率。基础设施条件好，能促进创新能力的提高，提高创新成果或者降低投入，从而促进区域经济的增长。体现基础设施的主要指标有：货物周转量、公路拥有量、长途光缆线路长度、固定资产投资总额等。

劳动者素质是一个综合指标。随着现代科技的不断发展，创新中人的因素越来越重要，所有的创新活动都是以人为主的创造活动，高素质人才是创新能力关键因素，也是促进经济发展的重要条件。由于创新过程的互动性，创新会从大量高素质劳动力的存在中受益。一般来说，教育水平越高，劳动者素质越高。区域内劳动力素质高，创新需要的人才就容易获得，就可能在投入一定的情况下，创造出更多的创新成果。体现劳动者素质的主要指标有：新增大学生毕业人数、教育经费支出、教育经费总投入等。

金融环境作为一个地区创新环境的重要方面，反映区域的金融部门对技术创新活动的支持程度，或者说金融系统在创新系统中发挥的作用。创新活动本质上是一种经济活动，离不开资金的支持，需要较大量的资金投入。因此金融成为创新活动的非常重要的支持产业。资金充足，金融生态环境优越，能为创新活动提供良好的资金支持，区域创新能力容易得到加强。体现金融环境的主要指标有：大中型工业企业科技活动筹集经费、专项贷款、企业技术开发贷款比重、金融机构年末贷款额度占地区 GDP 比重、金融机构年末存贷款总额占地区 GDP 比重等。

创新是通过人们的创业实现的。创新创业水平的高低是一个地区经济有没有活力的重要标志。创新创业水平越高，创新能力就越强，进而区域经济发展有了持续的保证。一个区域内如果有良好的创业文化和传统，形成良好的创业氛围，使得创新活动通过创业得以实现。一旦创新活动和创新成果变成产业，将大大推动创新活动的深度和广度，提高创新的效率。体现创新创业水平的主要指标有：私营企业户数、高科技企业产值、新注册企业数等。

区域创新能力不排斥区域自力更生，进行创新，更可以通过技术的区域合作、技术转让等方式获得人类文明的直接成果，从而形成自己的创新能力。知识流动水平考察当地创新参与者之间的技术交往关系，间接反映创新网络中各参与者之间交换和合作强度。一个地区的创新能力不仅取决于原创知识的创造能力，对于落后地区来说，更取决于本地区是否能够获得和运用全球的创新成果，取决于各部门之间能否进行顺畅的知识合作与分享。一般来说，创新参与者之间的合作和交流越紧密，利用技术贸易（有偿利用）和技术外溢（无偿利用）越有效，流动越充分，创新能力越强。体现知识流动水平的主要指标有：地区技术市场的交易合同金额、技术市场交易额占 GDP 比重等。

知识获得并吸收可以通过贸易和投资实现。开放程度越高，“干中学”和利用技术外溢的可能性就越高。通过参与国际贸易，尤其是高技术产品的国际贸易以及吸收国外的投资，尤其是吸收有竞争优势的实力企业的投资。一个地区可以获得发达国家和地区的技术信息、知识和管理经验。对于自主创新能力不是很强的地区来说，获得发达国家和地区的技术信息、知识和管理经验的可能性越大，创新能力就越强。体现知识吸收水平的主要指标有：地区的贸易专业化指数（TSI）、外商直接投资（FDI）、外贸逆差额等。

（3）创新产出能力。区域创新产出能力是指新产品、新工艺的市场实现，是创新获得社会经济效益的过程。通过积极行动，使创新产品迅速进入市场，以实现技术创新所追求的最终目标——获得社会经济效益的过程。前期的研发和生产投入只有产生利润后才可以称得上是真正地创造出了价值，为区域带来了收益。产出指标是综合性指标，包括创新绩效和创新直接产出。

创新绩效是衡量区域创新效果的水平指标，创新结果一定是更加环保、绿色和低碳，更加高效的生产。因此不仅包括知识和劳动的生产效率，还应包括生产的能耗，还有更高的生活水平。因此，创新绩效包括发明专利授权量、劳动生产率、人均 GDP 等指标。

创新直接产出包括新的产品和产品的新用途、新功能指标，在某种程度上，区域创新能力直接体现在创新产品产出上，体现了创新产品的直接制造能力。高新技术产业增加值占工业增加值比重、高新技术产品出口占总出口比重、新产品在工业总产出的比重可以体现这类特征。

（二）指标体系

在以上原则基础上，可以建立较完善的分析框架体系。具体见表 5－1。

表 5－1　　欠发达地区区域创新能力评价指标体系

一级指标	二级指标	三级指标
创新投入（B1）	财力投入（C1）	科技活动经费投入强度（D1）； R&D 投入强度（D2）； 技术引进经费支出（D3）； 企业技术开发费（含技改）（D4）
	人力资本投入（C2）	当年的研发人员的数量（RDP）（D5）； 高技术产业从业人员占比（D6）
创新环境（B2）	基础设施（C3）	货物周转量（D7）； 公路拥有量（D8）； 长途光缆线路长度（D9）； 固定资产投资总额（D10）
	劳动者素质（C4）	新增大学毕业生（D11）； 教育经费支出（D12）； 教育经费总投入（D13）

续表

一级指标	二级指标	三级指标
创新环境（B2）	金融环境（C5）	大中型工业企业科技活动筹集经费（D14）； 专项贷款（D15）； 企业技术开发贷款比重（D16）； 金融机构年末贷款额占 GDP 比重（D17）； 金融机构年末存贷款总额占 GDP 比重（D18）
	创新创业水平（C6）	私营企业户数（D19）； 高科技企业（D20）； 新注册企业数（D21）
	知识流动水平（C7）	地区技术市场的交易合同金额（D22）； 技术市场交易额占比（D23）
	知识吸收水平（C8）	地区的贸易专业化指数（TSI）（D24）； 外商直接投资（D25）； 贸易逆差（D26）
创新产出（B3）	创新绩效（C9）	发明专利授权量（D27）； 单位 GDP 电耗（D28）； 劳动生产率（D29）； 人均 GDP（D30）
	创新直接产出（C10）	高新技术产业增加值占工业增加值比重（D31）； 高新技术产品出口占总出口比重（D32）； 新产品在工业总产出的比重（D33）

五、各项评价指标分析

（一）创新投入能力指标

1. 财力投入指标

资金的投入直接决定着区域的整体运作。在创新投入阶段，区域的资金用途分为研发投入、技术引进投入以及技术改造投入。研发是区域创新活动的核心内容，是进行知识创造和新知识应用的系统工程，研发的投入直接影响研发的结果。而区域研发团队并不是区域创新活动的全部，区域创新是一个系统工程，还要求能够充分利用区域外的优秀成果为本区域的经济建设服务，因此应该包括技术引进的配套资金。同时，还要求区域在技术改造等方面做出合理的资源配置，以保证研发得到有力的支持。因此，在选定财力投入的次级指标上，将技术改造投入列为其中。

2. 自主技术能力投入指标

创新主题的关键因素是人的因素，既然将知识转化为新产品、新工艺和新服务，因而人力资本的投入方面应该包括创新主体的研发人员和知识转化为生产和服务的人员投入安排。因此，研发人员的数量和高技术产业从业人员的比重成为本书选定的指标。

（二）创新环境支撑能力指标

创新能力要表现出可持续性，必须具备良好的创新环境作为支撑。良好的创新环境是创新的不竭动力。离开了所依赖的环境，区域的创新就无从谈起。因此，本书把支撑创新主体的创新、影响创新产出的效果的条件和保障全部归结为创新的环境，包括基础设施、劳动力素质、金融环境、创业水平、知识的流动、知识的吸收6个二级指标。

（1）支撑创新的基础设施主要包括货物周转量、公路拥有量、长途光缆线路长度、固定资产投资总额等支撑信息流、物流快速流动的基础配套设施。

（2）劳动者的素质包括新增大学生毕业人数、教育经费支出、教育经费总投入等支撑研发和产业化所需高技术人员的成长的条件。

（3）金融环境包括大中型工业企业科技活动筹集经费、专项贷款、企业技术开发贷款比重、金融机构年末贷款额度占地区GDP比重、金融机构年末存贷款总额占地区GDP比重等支持创新的资金的条件。

（4）创新创业水平包括私营企业户数、高科技企业比重、新注册企业数等支持企业创立的条件。

（5）知识流动能力指标包括技术的区域合作、技术的转让。我们以地区技术市场的交易合同金额、技术市场交易额占地区GDP比重作为衡量指标。

（6）知识吸收能力指标主要通过国际贸易往来和吸收国外的投资对技术外溢的吸收。我们主要通过地区的贸易专业化指数、外商直接投资、贸易逆差体现出来。

（三）创新产出能力指标

自主创新产出能力是指区域的产品在市场上所获得价值，因此，创新产出的能力包括产出绩效和创新直接产出两个主要指标。

（1）产出绩效指标。发明专利授权量、单位 GDP 电耗、劳动生产率、人均 GDP 反映了区域创新的效果和结果，是区域创新指标的关键因素。

（2）创新直接产出指标。自主技术能力还包括成果转化能力，因为研发活动的最终成果、新产品、新设备和新工艺等只有进入到生产活动，才可能产生经济效益和社会效益，实现区域价值创造。研究开发成果转化为符合设计要求的可批量生产的产品的能力，是创新成果价值显性化的重要因素。高新技术产业增加值占工业增加值比重、高新技术产品出口占总出口比重、新产品在工业总产出的比重作为主要指标。

六、各项评价指标计算方法

以上各项指标的计算方法和评价方法如表 5－2、表 5－3 所示。

表 5－2　　创新能力评价指标计算方法

指标	解释
科技活动经费投入强度（D1）	财力投入指标：科技活动经费投入/GDP×100%
R&D 投入强度（D2）	财力投入指标 R&D 投入强度＝R&D 经费/总收入×100%
技术引进经费支出（每万人）（D3）	财力投入指标
企业技术开发费（含技改）（D4）	财力投入指标：技术改造费用比重＝技术改造费用总额/政府总投资额×100%
当年的研发人员的数量（RDP）（D5）	人力资本投入指标
高技术产业从业人员占比（D6）	人力资本投入指标：高技术产业就业人员/总就业人员
货物周转量（D7）	基础设施指标
公路拥有量（D8）	基础设施指标
长途光缆线路长度（D9）	基础设施指标
固定资产投资总额（D10）	基础设施指标
新增大学毕业生（D11）	劳动者素质指标
教育经费支出（D12）	劳动者素质指标：教育的经费支出/财政总支出
教育经费总投入（D13）	劳动者素质指标
大中型工业企业科技活动筹集经费（D14）	金融环境指标
专项贷款（D15）	金融环境指标

续表

指标	解释
企业技术开发贷款比重（D16）	金融环境指标
金融机构年末贷款额占 GDP 比重（D17）	金融环境指标
金融机构年末存贷款总额占 GDP 比重（D18）	金融环境指标
私营企业户数（D19）	创新创业水平指标
高科技企业规模（D20）	创新创业水平指标
新注册企业数（D21）	创新创业水平指标
地区技术市场交易合同金额（D22）	知识流动水平指标
技术市场交易额占 GDP 比重（D23）	知识流动水平指标
地区贸易专业化指数（TSI）（D24）	知识吸收水平指标：(出口额 - 进口额)/(出口额 + 进口额) × 100%
外商直接投资（FDI）（D25）	知识吸收水平指标
外贸逆差（D26）	知识吸收水平指标：进口额 - 出口额
发明专利授权量（D27）	创新绩效指标
单位 GDP 电耗（D28）	创新绩效指标
劳动生产率（D29）	创新绩效指标：产值/从业人数
人均 GDP（D30）	创新绩效指标
高新技术产业增加值占比（D31）	创新直接产出指标：高新技术产业增加值/总产业增加值 × 100%
高新技术产品出口占比（D32）	创新直接产出指标：高新技术产业出口值/总出口值 × 100%
新产品占比（D33）	创新直接产出指标：新产品产值/工业总产值 × 100%

表 5-3　　创新环境各要素评价方法

创新基础设施（C3）	基础设施完善程度					
	非常完善	←————→				极不完善
	1	0.9	0.8	0.7	0.6	0.5	0
劳动者素质（C4）	劳动者素质的高低						
	非常高	←————→					极低
	1	0.9	0.8	0.7	0.6	0.5	0

续表

金融环境（C5）	金融环境完善程度					
	非常完善	←——————————→				极不完善
	1	0.9	0.8	0.7	0.6	0.5	0
创新创业水平（C6）	创新创业运行效果						
	非常明显	←——————————→					极不明显
	1	0.9	0.8	0.7	0.6	0.5	0
知识流动水平（C7）	知识流动效果						
	非常明显	←——————————→					极不明显
	1	0.9	0.8	0.7	0.6	0.5	0
知识吸收水平（C8）	知识吸收效果						
	非常明显	←——————————→					极不明显
	1	0.9	0.8	0.7	0.6	0.5	0

本书对创新环境六要素的定性指标的评价采用德尔菲法。具体做法是将拟定的综合评价指标体系及对指标的说明以信函形式发给各位专家，专家根据对各指标相对重要程度的判断，按一定的标准对定性指标分别打分。打分的结果，作为对欠发达地区区域创新环境水平的评价，从而方便对欠发达地区区域创新能力的评价。

七、小结

区域创新能力的影响因素是复杂的、同时具有本区域特点，因而在创新能力评价方面存在着差异性和地域性。区域创新能力的测度研究可借鉴发达国家和地区的一些积极成果，但不能简单移植。它必须界定自己的概念体系和区域创新能力形成的理论模型。本章分析了区域创新体系建立的意义、评价的具体步骤、评价指标体系设计原则，在此基础上建立了欠发达地区区域创新能力评价体系。体系包括创新的投入能力、创新环境的支撑能力、创新产出的实现能力3个一级指标。其中创新投入能力方面包含2个二级指标和6个三级指标；创新环境的支撑能力包含6个二级指标和18个三级指标；创新产出能力方面包含了2个二级指标和7个三级指标，并对各评级指标进行了分析，给出了相关计算方法。

第六章　江西省创新能力DEA实证研究

一、区域创新能力的DEA评价方法

（一）能力评价的几种方法

创新能力评价实质是投入产出的转化绩效评价，一般通过效率衡量。用于效率测量与分析的方法主要有三类：

一类是比率法，即用产出与投入的简单比例关系来表示投入产出绝对效率的高低，该方法简单易用，但是仅适用于单指标的投入产出效率分析。

二类是参数方法，例如随机前沿分析方法（stochastic frontier analysis，SFA）。该方法主要适用于单产出和多投入的相对效率测算，它通常是先设定一个投入产出函数，然后将该产出函数的误差项目设计成复合结构，并根据误差项的分布假设不同，采用相应的技术方法来估计生产函数中的各个参数，从而计算出投入产出效率。①

三类是非参数方法，例如数据包络分析方法（data envelopment analysis，DEA）。该方法可以计算多投入和多产出的投入产出相对效率，它首先根据样本中所有个体的投入和产出构造一个能够包容所有个体生产方式的最小的产出可能性集合（或产出前沿面），即所有要素和产出的有效集合。然后根据这一可能性集合测算投入产出效率。相比较参数方法，非参数方法无须估计投入产出的生产函数，可以避免因错误的函数形式所带来的问题。在计算投入产出效率的非参数方法中，数据包络分析是最常用的一种方法。数据包络分析方法，相对参数模型而言，DEA模型的具有不用事先设定函数形式、适宜于信息资料不完备条件、适用于多投入多产出的系统等特点。②

DEA方法进行的是最优性效率分析，这种“最优”的分析往往对决策

①② 付智，黄新建．基于DEA的工业企业创新效率改进研究［J］．求索，2010（11）：43－44.

者更有参考价值。因为任何一个决策单元（decision-making unit，DMU）总是力图使管理过程呈现最优状态。

（二）DEA 方法用于区域创新能力评价

数据包络分析是 1978 年美国运筹学家查恩斯和库伯（Charnes and Cooper）等发展起来的。它以相对效率概念为基础，评价具有相同类型的多投入、多产出的决策单元是否技术有效和规模有效的一种非参数统计方法。DEA 以某一生产系统中的实际决策单元（DMU）为基础，建立在 DMU 的“帕累托最优”概念之上。DEA 的特性与合理分配和最大化利用创新资源的要求不谋而合。因此，引入研究生产有效与否的 DEA 分析方法，对创新系统绩效进行实证分析。①

对区域创新能力的评价主要是对创新系统构建能力的评价，包括创新投入能力、环境支撑能力和创新产出能力。其中，环境支撑能力被细分为基础设施环境、劳动者素质、金融环境、创新创业水平、知识流动水平、知识吸收水平等创新环境保障能力；而产出能力则指的是知识、成果、新产品、品牌等创新成果的创造能力。由于创新的影响要素过于复杂，创新能力测评指标与概念的一致性程度较低，很难有一个简单而没有争议的方法来测度创新能力。

创新能力评价的数据基础有两种基本来源：一是采用统计部门的统计数据，比如科技统计年鉴、OECD 的主要科技指标、欧盟统计局的统计数据等；二是在统计数据之外，在创新理论指导下开展技术创新专项调查，以收集更准确、更细微的数据。本书采取两种方式相结合的方式，即硬指标和软指标的结合。

二、欠发达地区区域创新能力的评价

区域创新能力的评价，基本上是通过区域创新效率进行评价。区域创新效率是区域创新投入与产出的转化效率，提高创新效率即是在保持区域创新投入不变情况下增加了创新产出，或者在保证创新产出不变的条件下节省区域创新投入。

以往文献对我国区域创新效率的研究主要集中在技术效率（又称“总

---

① 付智，黄新建．基于 DEA 的工业企业创新效率改进研究［J］．求索，2010（11）：43－44.

效率”)，体现为在给定要素投入下可获得的最大产出量。技术效率又可以分解为主要体现在制度安排、技术创新以及管理效率的提高等方面的纯技术效率和主要体现在规模扩张等方面的规模效率。分清纯技术因素和规模因素对国家和区域制定科学的发展战略更具有建设性意义。比如，在特定阶段，究竟是纯技术因素还是规模因素对欠发达地区区域创新效率影响较大？倘若是纯技术因素影响较大，在制定创新发展战略时就应该在制度的合理安排、技术创新等方面予以倾斜；而如果规模因素作用较大，则应该适当调节创新规模。同时，虽然我国创新投入逐年增加，但效率依然较低，那么其原因究竟是投入不足还是已经过剩，也是一个非常有意义的问题。由于中国幅员辽阔，不同区域间在国家政策导向及资源禀赋等方面存在较大差异，因此，如何按照国家发展战略设定不同符合本区域特点、特色，体现本区域创新效率，进而提出相应的政策安排无疑具有重要意义。

（1）创新既是与创效（创造效益）相统一的过程，也是创新要素整合的动态过程，可以说凡是能提高资源配置效率的新活动都属于创新范畴。通过欠发达地区区域创新能力评价指标体系的探索建立，从创新的主体、创新的内容、创新环境和创新经济绩效等各个方面综合反映了创新活动的全貌，反映区域特色。强调欠发达地区创新活动的衡量指标不仅包括知识创造指标，如研究投入 R&D、专利、科研论文和科研产出比等原创水平，还包括知识获得指标如科技合作、技术转移和国外直接投资等通过技术外溢、技术模仿、技术合作等方式获得的技术跃升的创新。按照流程将其归类划分出不同层次，并在每一个层次上细分出不同级别相关因素。把诸多影响区域创新能力的因素进行分类，容易把握创新类别，分清是技术性创新还是非技术性创新在本区域起到主要作用；考察创新环境要素在创新效率提升方面的作用。

（2）区分欠发达地区区域创新的投入产出效率，了解该区域在给定要素投入下可能获得的最大产出量。同时，把技术效率分解为体现在制度安排、技术创新以及管理效率的提高等方面的纯技术效率和体现在规模扩张等方面的规模效率，进而了解在特定阶段，究竟是纯技术因素还是规模因素对欠发达地区区域创新效率的影响，哪种因素是主要影响因素，哪种因素是次要的影响因素？进一步考证区域创新投入逐年增加，但效率依然较低的真实原因究竟是投入不足还是已经过剩。便于对待特定的问题采取相应的政策措施。如果是纯技术因素影响较大，或者说纯技术效率不高，提高管理效率是当前阶段提升该区域创新效率的本质要求和症结所在。这就意味着地方政府要加强技术创新，合理安排制度；如果规模因素作用较大，出现规模报酬递减，单位投入产出比例下降的态势，意味着解决投入过剩，适当调节创新投入，加强资源的利用效率是解决问题的关键，则应该适当调节创新规模。因此，分清纯技术因素和规模因素对欠发达地区制定科学的发展战略更具有建设性意义。

（3）区域经济发展水平的差异很大程度上表现为区域创新能力的差距。通过发达和欠发达地区创新效率差异性进行分析，了解区域间技术效率、纯技术效率、规模效率差异特征，既便于地方根据自身情况合理安排创新规模，又便于国家建立公平的科技资源分配政策，从而达到缩小创新能力差距，进而缩小区域经济发展差距，实现共同富裕、协同发展的最终目标。

三、江西省创新能力基本情况①

（一）现状

（1）科技人才总量初具规模。2019 年末，全省地方国有企事业单位拥有专业技术人才 76.5 万人，平均每万在岗职工拥有专业技术人员 1880 人。全省拥有 R&D 人员 16.03 万人，其中：大学本科及以上学历人员 8.8 万人，比重为 54.76%。按实际工作时间计算的 R&D 人员全时当量 11.4 万人/年，占科技活动人员比重比上年有所提高。这些数据表明江西省科技人才队伍的总量已初具规模，整体素质在不断提高。

（2）研发投入稳中有升。2019 年，全社会研发经费支出达到 384.31 亿元，比 2018 年的 310.69 亿元增加 73.62 亿元，增长 23.7%。研发投入强度为 1.55%，比 2005 年的 0.71% 有了很大的提高。全省研发投入增长有以下原因：一是经济稳步增长，为研发投入的增长奠定了经济基础；二是得益于国家相关政策的推动和政府资金的引导；三是企业创新意识不断提高，成为推动全省研发费用较快增长的主要力量。

（3）研究开发机构平稳发展。2019 年，全省有各类研究开发机构 4711 个。科学研究和技术服务事业单位 223 个，按学科分，自然科学领域 15 个，占 6.72%；农业科学领域 115 个，占 51.57%；医药科学领域 10 个，占 4.48%；工程与技术科学领域 68 个，占 30.49%；人文与社会科学领域 15

① 根据《江西省统计年鉴》相关数据整理所得。

个，占6.72%。机构中从事R&D活动的人员86860人，其中博士和硕士11925人，占13.73%。机构R&D经费314.32亿元，是2010年的8.21倍。机构中用于科研的仪器设备原价27.92亿元，是2010年的6.49倍。

（4）科研条件不断改善。2019年，省属科研院所、高等院校科研仪器设备新增1322台套，新增仪器设备原值1.35亿元。新建国家级工程中心和重点实验室6个，省级工程中心和重点实验室136个；培育国家级创新型企业12家，省级创新型企业120家；新建产业技术创新联盟17个，优势科技创新团队86个。科研机构、高等院校科研用仪器设备原价35.39亿元。

（5）企业创新主体地位不断加强。随着江西省企业自主创新意识不断提高，企业研发投入快速增长，企业研发活动投入主体的地位不断加强。2019年，江西省规模以上工业企业R&D费用投入的研发费用329.68亿元，占研发投入总量的85.78%，并且近年一直保持在80%左右。

（6）科技产出成绩喜人。2019年，全省有10项重大成果获国家科技进步奖，148项成果获省科技进步奖。2019年，全省共申请专利91474件，共获授权专利59140件，同比分别增长6.4%和12%。

（7）高新技术产业快速发展。2019年，全省高新技术产业营业收入5233亿元，同比增长10.1%，高新技术产业营业收入占GDP的比重达到13.16%，是“十五”期间的5倍多。同时，高新技术产业向光机电一体化、生物医药、新材料和电子信息四大优势主导领域快速集聚，四大领域实现产值占全省高新技术产业的八成。

（8）技术市场健康发展。2019年，全省共签订技术合同2799项，技术合同成交金额148.61亿元，平均每份技术合同成交金额为530.95万元。技术合同成交金额中，技术开发合同成交额达49.78亿元，占全部成交额的比重33.50%。

（9）大型企业不断涌现。随着江西省投资环境的不断优化和国有企业改革的顺利开展，大型企业不断涌现。截止到2019年底，江西省内资企业数为431845个，占企业单位总数的99.6%，其中，私营企业总个数392331个，在企业总户数中所占比重提高到了90.5%。

（二）存在问题

（1）自主知识产权技术成果少，全省尚未形成具有强大自主创新能力的企业群。全省的科技力量比较薄弱，在前瞻性、交叉性的高新技术领域更是如此。据近几年国家统计监测数据显示，江西的科技进步环境指数、科技活动投入指数、科技活动产出指数、高新技术产业化指数和科技促进经济社会发展等5个基本指数不仅低于全国平均水平，在中部六省也处于后列。

（2）缺乏高层次科技创新领军人才，现有专业技术队伍总体素质有待提高。江西省专业技术人才资源总量不足，尤其是优秀的学术和工程技术带头人、高新技术产业化领头人、知识密集型的管理人才等高层次科技创新人才严重缺乏。全省博士科研流动站和企业博士后工作站仅相当于发达省份一个重点大学的数量。专业技术人才分布结构不够合理，传统产业和传统经济领域的人才较多，而新兴产业和新兴经济领域的高新技术人才偏少。

（3）科技体制与运行机制改革和创新滞后。省属科研院所大多数还是原有模式，底子薄、基础差、后备人才匮乏，基本上是门户独立、功能单一，自身很难单独完成技术集成水平要求较高项目，存在着科研单位虽然拥有一些单元技术，却对企业综合技术需求无能为力面。各类科技中介机构的发展滞后，对科技成果转化的聚集效应和服务功能未有效发挥。

（4）科技投入总量小，强度弱。近年来，尽管各级财政科技拨款有所增长，投入总量不足的问题仍较突出，全省地方财政科技投入占财政支出的比重一直徘徊不前，在全国位于下游水平。研究与试验发展（R&D）经费占 GDP 的比例与全国平均水平相差甚远。全省科技融资体系发展比较滞后，科技风险投资、银行贷款和社会融资等多渠道的科技投入体系还不完善。由于科技投入不足，科研设备陈旧，手段落后，成果偏少，水平不高，难以适应经济社会发展对科技的需求。

四、基于 DEA 的江西区域创新能力实证分析

（一）DEA 模型

DEA 主要是通过保持实际决策单元 DMU 的输入或输出不变，把每一个被评价单位作为一个 DMU，再由众多 DMU 构成被评价群体，通过对投入和产出比率的综合分析，以 DMU 的各个投入和产出指标权重为变量进行评价运算，确定“有效生产前沿面”，并根据各 DMU 与有效生产前沿面距离状况，确定各 DMU 是否 DEA 有效。与参数模型相比较，DEA 模型具有不用事先设定函数形式、适宜于信息资料不完备条件、适用于多投入多产出的系统等特点。

设企业决策单元资源输入（影响因素）为 X，指标输出单元为 Y，若系

统有 n 个数据决策单元，每个决策单元都有 m 个输入和 n 个输出。

设输入输出的权向量矩阵分别为：

$$u = (u_1,\ u_2,\ \cdots,\ u_m)^T$$
$$v = (v_1,\ v_2,\ \cdots,\ v_s)^T$$

为方便，记：

$$J = \{1,\ 2,\ \cdots,\ n\}$$
$$X_j = (x_{1j},\ x_{2j},\ \cdots,\ x_{mj})^T,\ j \in J$$
$$Y_j = (y_{1j},\ y_{2j},\ \cdots,\ y_{sj})^T,\ j \in J$$

根据 DEA 的 C^2R 模型，对 DMUi 效率评价指数求极大值，可得线性优化模型：

$$\max\ X_i^T v = \theta_j$$
$$s.\ t.\ Y_j^T v \leqslant X_j^T u(j \in J)$$
$$X_i^T v = 1,\ u \geqslant 0,\ v \geqslant 0$$

其中，θ_j 为最优化 MDU_i 权重下的效率评价指数，如果 $\theta_j \approx 1$，则决策单元是有效的；如果 $\theta_j \neq 1$，则决策单元是非有效的。

根据 DEA 的 BC^2 模型，对 DMU_i 的效率评价指数求极大值，可得线性优化模型：

$$\max\ Y_i^T v - \mu_i = \eta_j$$
$$s.\ t.\ Y_j^T v - \mu_i \leqslant X_j^T u(j \in J)$$
$$X_i^T v = 1,\ u \geqslant 0,\ v \geqslant 0$$

经由 μ_i 可判断各 DMU_i 之规模报酬是处于何种状态：

由上式中的 μ_i 值，可判断 DMU_i 的规模报酬是处于何种状态：

当 $\mu_i > 0$：表示该 DMU_i 为规模报酬递减（DRS）；

当 $\mu_i = 0$：表示该 DMU_i 为规模报酬固定（CRS）；

当 $\mu_i < 0$：表示该 DMU_i 为规模报酬递增（IRS）。

其中，η_j 为最优化 DMU_i 权重下的效率评价指数，如果 $\eta_j \approx 1$，则决策单元是有效的；如果 $\eta_j \neq 1$，则决策单元是缺乏效率的。

效率高低可分别在投入导向和产出导向两种情况下衡量。投入导向（input-orientated）是指在不改变产出数量下，如何减少投入比例；产出导向（output-orientated）是指在不改变要素投入的比例下，如何增加产出。我们将基于投入导向下 BCC 模型对江西省区域创新效率进行评估分析。①

① 付智，黄新建．基于 DEA 的工业企业创新效率改进研究［J］．求索，2010（11）：43－44.

应用 DEA 方法评价区域创新效率，投入产出变量的选取至关重要。指标过少，则分析结果具有片面性，不具有很强的指标意义；指标过多，则指标间复杂的关联性影响结果的准确性及创新效率的可比性。

（二）江西在中部六省区域创新能力的评价

1. 建立决策单元

以中部六省[①]作为决策单元，具体为：

DMU_1：山西

DMU_2：安徽

DMU_3：江西

DMU_4：河南

DMU_5：湖北

DMU_6：湖南

2. 投入项

根据区域创新能力中的创新投入能力构成，从财力投入能力中选取大中型工业企业科技活动经费内部支出、大中型工业企业技术改造费用支出，从人力资本投入能力中选取高技术产业从业人员。企业尤其是大中型企业是江西区域创新的主体，因此，大中型工业企业科技活动经费内部支出、大中型工业企业技术改造费用支出直接关系创新产品研发和技改的力度。大中型工业企业科技活动经费内部支出指企业用于科技活动的实际支出，包括劳务费、科研业务费、科研管理费、非基建投资购建的固定资产、科研基建支出以及其他用于科技活动的支出。不包括生产性活动支出、归还贷款支出及转拨外单位支出，反映科技投入实际完成情况。大中型工业企业技术改造费用支出的主要内容有：一是产品改革。用新产品替换陈旧的老产品，加速产品升级换代。二是机器设备和工具的改革。改进设备结构和性能，提高设备效率，加速生产设备和测试手段的更新，提高设备机械化和自动化程度。三是生产工艺和操作方法的改革。改革旧的工艺设计和落后的操作方法，缩短生产过程，实现高速化、自动化生产线。四是原材料和能源利用的改革。开辟新材料、新能源，科学地采用代用品。五是劳动保护和生产环境的改革。改善劳动条件，减轻工人劳动强度，消除或减少废水、废气、废渣的排放，妥善解决环境污染问题。六是改造厂房设施，

---

① 中部六省分别为：山西、安徽、江西、河南、湖北、湖南 6 个省份。

调整工作场地以及改进和完善企业管理手段和研制手段。包括生产控制、信息处理及科研试制的仪器设备和技术测试等。两个指标直接反映资金投入强度，指标值越大越好。高技术产业从业人员是直接从事创新生产，其数量的大小直接影响创新产出效率，指标值越大越好。因此，投入项为：

大中型工业企业科技活动经费内部支出，单位为万元；

大中型工业企业技术改造费用支出，单位为万元；

高技术产业从业人员，单位为人。

3. 产出项

根据区域创新能力中的创新产出能力的构成，从创新绩效中选取发明专利授权量、GDP 能耗，从创新直接产出中选出高技术产业总产值。发明专利授权量反映出创新的产出水平，该指标越大越好。本书选择 GDP 能耗，因为创新意味着更加绿色环保、更加高效、更加低能耗的生产，创新产品必须符合这些特征，该指标越低越好；高技术产业是指用当代尖端技术（主要指信息技术、生物工程和新材料等领域）生产高技术产品的产业群，是研究开发投入高，研究开发人员比重大的产业，高技术产业发展快，意味着对其他产业的渗透能力强。该指标越大越好。因此，产出项为：

发明专利授权量，单位为项；

GDP 能耗，单位为亿元/万吨标准煤；

高技术产业总产值，单位为亿元。

2019 年中部地区投入产出情况如表 6 - 1 所示。

表 6 - 1　　2019 年中部地区投入产出情况

省份	发明专利授权量（项）	GDP 能耗（亿元/万吨标准煤）	高技术产业总产值（亿元）	大中型工业企业技术开发经费筹集（万元）	高技术产业从业人员（人）	大中型工业企业技术改造费用（万元）
山西	16598	0.816275	1274	138.0813	142.540	64.6952
安徽	82524	2.675846	4034	576.5371	326.070	195.2119
江西	59140	2.561562	5233	320.2151	490.360	72.5241
河南	86247	2.433148	6118	608.7153	636.585	106.2054
湖北	73940	2.646588	4434	586.5143	351.540	108.8146
湖南	54685	2.484353	4016	593.1485	367.225	152.6901

资料来源：根据 2020 年中部六省各省统计年鉴相关数据整理所得。

4. 计算

2019 年投入产出计算结果如表 6 – 2 所示。

表 6 – 2　　　　2019 年投入产出计算结果

No.	决策单元	综合效率	技术效率	规模效率	规模报酬	MDEA
1	DMU_1	0.944	1.000	0.944	irs	
2	DMU_2	1.000	1.000	1.000	—	
3	DMU_3	1.000	1.000	1.000	—	
4	DMU_4	1.000	1.000	1.000	—	
5	DMU_5	1.000	1.000	1.000	—	
6	DMU_6	0.890	0.893	0.997	irs	

5. 结果分析

运用 Deap 2.1 软件的规划求解功能，将输入、输出数据带入相关模型可以得到 2019 年山西、安徽、江西、河南、湖北、湖南六个省份区域创新效率的评价结果，如表 6 – 1、表 6 – 2 所示。

（1）从分析得到的结果看，安徽、江西、河南、湖北、湖南 5 个省份的技术效率和规模效率在中部地区都是有效的，山西的技术效率是有效的，但是规模效率偏低，仅为 0.492，这就是说在中部地区，山西的创新投入产出规模较小，主要体现在能源产出效率低、高技术产业产值低等。江西发明专利授权量和单位能耗产出在中部地区处倒数第一，但是江西高技术产业产值较高，从而显示江西省在中部地区总体的技术效率和规模效率有效，但整体创新能力不高。

（2）规模效率衡量的是决策单元投入产出规模对其技术效率的影响大小。从规模指标看，在现有技术水平下，江西、河南、湖南、安徽、湖北处在规模报酬不变的阶段，当它们的规模扩大时仍可以保持规模有效。而山西处于规模报酬递减阶段。说明江西区域创新体系尚处在规模报酬不变，具有发展潜力。这就意味着政府与企业仍然可以通过增加投入来促进江西域创新体系的高速发展。

（3）按照 MDEA 值排序，从高到低依次为：江西、河南、湖南、安徽、湖北、山西。这说明：一方面，在现有技术水平下，江西、河南、湖南、安徽、湖北处在规模报酬不变的阶段，当它们规模扩大时仍可以保持规模有效，但不能超过上限，上限依次为：2.387、1.4、1.281、1.244、1.035。

江西规模上限最大意味着江西的创新潜力巨大，在现有技术产出水平下，在不降低区域创新竞争力的前提下，江西省可承载创新投入产出规模最大，这将为江西保持长期、高效发展提供巨大的发展空间，随着江西不断加大区域创新投入，江西在中部地区乃至在全国，其创新能力的排名会不断上升。另一方面也意味着目前除山西外，江西处于中部地区整体创新水平较低的境地。

（4）从技术创新效率来说，各地区在制定区域技术创新政策时加大技术创新的投入是必不可少的。但是结构调整也很重要，可以使投入结构更加合理，资源利用率更高。各地区可以根据自身特点制定相应政策。对于那些创新效率高但创新投入低的省市（如安徽），应将重点放在提高创新资源投入方面从而增加其创新产出。而对于创新投入较高，但创新效率较低的省市（如山西等），则应在适度增加创新投入的同时，将重点放在其创新资金和创新人才使用效率方面，以达到提高区域技术创新效率从而增加创新产出的目的。

江西作为创新投入和创新效率都较低的省，重点应放在既要提高创新资源投入，又要提高创新资金和创新人才的使用效率方面，如加大研发投入，加大人才的培养和引进，提高创新资金和创新人才的使用效率，通过产业园区的打造，实现规模经济和范围经济，以达到提高区域技术创新效率，增加创新产出的目的。

（三）2001～2019 年江西区域创新能力评价

1. 建立决策单元

江西 2001～2019 年共 19 年的经济单元为决策单元：

DMU_1：2001 年　　DMU_2：2002 年
DMU_3：2003 年　　DMU_4：2004 年
DMU_5：2005 年　　DMU_6：2006 年
DMU_7：2007 年　　DMU_8：2008 年
DMU_9：2009 年　　DMU_{10}：2010 年
DMU_{11}：2011 年　　DMU_{12}：2012 年
DMU_{13}：2013 年　　DMU_{14}：2014 年
DMU_{15}：2015 年　　DMU_{16}：2016 年
DMU_{17}：2017 年　　DMU_{18}：2018 年
DMU_{19}：2019 年

2. 投入项

在中部地区创新能力的横向评价的投入项中江西大中型工业企业科技活动经费内部支出、高技术产业从业人员、大中型工业企业技术改造费用支出等基础上增加了创新环境水平值投入项。

区域的创新活动，必须有一个良好的创新环境作为基本平台支持它。随着区域创新体系的建设和创新活动的开展，区域创新主体的创新活动已日益受到创新环境的制约，区域创新环境在区域创新发展中的地位和作用变得日益重要。创新环境是一个能够促进创新能力的系统，因此，要准确分析江西区域创新能力的水平，是离不开创新环境这个重要因素的。但是作为一个复杂系统，创新环境包含了六要素，不利于具体的测量。因此，本书对创新环境六要素采用了德尔菲法评价，即向专家发函，将拟定的综合评价指标体系及对指标的说明以信函形式发给专家，各位专家根据对各指标重要程度的判断和确定指标的权重，根据六要素在江西十年发展情况打分。打分的结果，作为对江西区域创新环境水平的评价。笔者面向从事江西经济工作的政府官员和经济领域研究的学者、教授发出 100 分调查问卷（见附录），共回收了 82 份问卷，其中有效问卷 80 份。得到了相关的权重为：知识流动水平 0. 25，高新技术产值 0. 20，新增大学生毕业人数 0. 15，知识吸收水平 0. 15，基础设施 0. 15，金融环境 0. 10。

投入项为：

大中型工业企业科技活动经费内部支出，单位万元；

高技术产业从业人员，单位为人；

创新环境水平值；

大中型工业企业技术改造费用支出，单位为万元。

相关指标数据整理结果见表 6 –3。

3. 产出项

产出项与前面相同，具体为：

发明专利授权量，单位为项；

GDP 能耗，单位为亿元/万吨标准煤；

高技术产业总产值，单位为亿元。

江西省投入产出如表 6 –3 所示。

表 6 – 3　　　　　　　　　　　　江西省投入产出

年份	发明专利授权量（项）	GDP 能耗（亿元/万吨标准煤）	高技术产业总产值（亿元）	大中型工业企业科研经费内部支出（万元）	高技术产业从业人员（人）	创新环境水平值	大中型工业企业技术改造费用支出（万元）
2001	999	0.827884	125.39	69571.2	85073	0.0305	92922.3
2002	1044	0.835486	155.70	87317.2	97672	0.0299	178873.2
2003	1238	0.820987	141.66	95692.9	99551	0.0421	214847.5
2004	1169	0.890944	165.30	111348.1	93998	0.0393	221329.2
2005	1361	0.919559	234.03	157427.3	109870	0.0415	428991.3
2006	1536	1.007875	331.56	230038.0	127546	0.0514	497761.0
2007	2069	1.143517	445.65	315320.0	138469	0.1362	416124.0
2008	2295	1.288166	586.04	439807.0	172675	0.1627	658737.8
2009	2915	1.312685	755.65	5750210.0	185719	0.2459	7844549.0
2010	4351	1.493991	1037.50	703369.0	218106	0.3087	958700.0
2011	5550	1.691887	1418.60	582649.0	239996	0.3186	448981.0
2012	7985	1.791711	1856.70	659161.0	267263	0.3647	455698.0
2013	9970	1.885844	2289.60	769834.0	277522	0.4136	657884.0
2014	13831	1.945003	2611.90	925985.0	311199	0.5078	537753.0
2015	24161	1.992175	3318.10	1106443.0	366782	0.6075	801555.0
2016	31472	2.106344	3913.60	1284642.0	400743	0.6889	953638.0
2017	33029	2.252676	4333.30	1474968.0	428603	0.7536	639762.0
2018	52819	2.446397	4753.00	1797561.0	456463	0.8416	586184.0
2019	59140	2.561509	5233.00	2216865.0	490360	0.9804	537309.0

资料来源：根据《江西省统计年鉴》《江西省工业统计年鉴》相关数据整理所得。

4. 计算

江西省投入产出计算结果如表 6 – 4 所示。

表 6 – 4　　　　　　　　　　　　投入产出计算结果

No.	决策单元	综合效率	技术效率	规模效率	规模报酬
1	DMU_1	1.000	1.000	1.000	—
2	DMU_2	1.000	1.000	1.000	—

续表

No.	决策单元	综合效率	技术效率	规模效率	规模报酬
3	DMU_3	0.858	0.871	0.984	irs
4	DMU_4	0.987	1.000	0.987	drs
5	DMU_5	0.992	1.000	0.992	drs
6	DMU_6	1.000	1.000	1.000	—
7	DMU_7	0.931	1.000	0.931	drs
8	DMU_8	0.861	1.000	0.861	drs
9	DMU_9	0.852	0.914	0.931	drs
10	DMU_{10}	0.859	0.933	0.921	drs
11	DMU_{11}	0.931	1.000	0.931	drs
12	DMU_{12}	0.984	1.000	0.984	drs
13	DMU_{13}	1.000	1.000	1.000	—
14	DMU_{14}	0.987	1.000	0.987	drs
15	DMU_{15}	0.995	0.995	1.000	—
16	DMU_{16}	1.000	1.000	1.000	—
17	DMU_{17}	1.000	1.000	1.000	—
18	DMU_{18}	1.000	1.000	1.000	—
19	DMU_{19}	1.000	1.000	1.000	—

为了找出 DMU 处于无效状态的原因，利用“投影”理论对其做进一步差额变量分析。差额变量分析又称差量分析，是 DEA 模型相对绩效评估方法的特点。它给出了相对无效决策单元（DMU）的管理者在发掘潜能，提高效率时在资源投入方面所应着手改进的方向以及需要改善的幅度。目的在于揭示效率的改善，通过计算出目标改善值，从而达到效率的提高。一般来说，决策单元可以在保持原产量不变情况下，可以减少某些资源投入，也可以在保持现有的投入水平基础上，将某些方面的产出增加，以达到提高其相对效率的目的。具体差额变量分析结果见表 6－5。

表 6－5　基于投入导向型的非技术有效单元的调整额

年份	投入产出项	原初项	径向距离	松弛变量和剩余变量	预测值
2003	发明专利授权量	1238.000	0.000	0.000	1238.000
	GDP 能耗	0.821	0.000	0.014	0.835
	高技术产业总产值	141.660	0.000	4.726	146.386
	大中型工业企业科研经费内部支出	95692.900	－12315.459	－4979.368	78398.073
	高技术产业从业人员	99551.000	－12811.988	0.000	86739.012
	创新环境水平值	0.042	－0.005	－0.002	0.034
	大中型工业企业技术改造经费支出	214847.500	－27650.387	－92448.075	94749.039
2009	发明专利授权量	2915.000	0.000	287.491	3202.491
	GDP 能耗	1.313	0.000	0.000	1.313
	高技术产业总产值	755.650	0.000	0.000	755.650
	大中型工业企业科研经费内部支出	5750210.000	－492277.413	－4858411.437	399521.150
	高技术产业从业人员	185719.000	－15899.466	0.000	169819.534
	创新环境水平值	0.246	－0.021	－0.032	0.193
	大中型工业企业技术改造经费支出	7844549.000	－671574.480	－6743025.291	429949.229
2010	发明专利授权量	4351.000	0.000	0.000	4351.000
	GDP 能耗	1.494	0.000	0.000	1.494
	高技术产业总产值	1037.500	0.000	39.436	1076.936
	大中型工业企业科研经费内部支出	703369.000	－47470.793	－168060.678	487837.529
	高技术产业从业人员	218106.000	－14720.104	0.000	203385.896
	创新环境水平值	0.309	－0.021	－0.035	0.253
	大中型工业企业技术改造经费支出	958700.000	－64703.234	－453332.865	440663.901

续表

年份	投入产出项	原初项	径向距离	松弛变量和剩余变量	预测值
2015	发明专利授权量	24161.000	0.000	117.711	24278.711
	GDP 能耗	1.992	0.000	0.000	1.992
	高技术产业总产值	3318.100	0.000	0.000	3318.100
	大中型工业企业科研经费内部支出	1106443.000	-5726.108	0.000	1100716.892
	高技术产业从业人员	366782.000	-1898.185	-11271.937	353611.878
	创新环境水平值	0.608	-0.003	-0.018	0.586
	大中型工业企业技术改造经费支出	801555.000	-4148.239	0.000	797406.761

5. 结果分析

第一，从表 6-4 可以发现，总效率值为 1 的决策单元有 8 个，即 2001 年、2002 年、2006 年、2013 年、2016 年、2017 年、2018 年、2019 年（DMU_1、DMU_2、DMU_6、DMU_{13}、DMU_{16}、DMU_{17}、DMU_{18}、DMU_{19}）8 个年份，DMU 投入产出相对有效，说明这 8 年的技术创新绩效水平相对较高。其中 2001 年、2002 年、2003 年（DMU_1、DMU_2、DMU_3）的产出情况尽管非常低，但其效率达到了有效值，说明以绝对值而言，它技术创新的强度很弱，但结合了它的投入值之后，结果表明其产出相对投入是有效率的，意味着资源没有浪费，得到了最优的配置。另外 11 年，即 2003 年、2004 年、2005 年、2007 年、2008 年、2009 年、2010 年、2011 年、2012 年、2014 年、2015 年（DMU_3、DMU_4、DMU_5、DMU_7、DMU_8、DMU_9、DMU_{10}、DMU_{11}、DMU_{12}、DMU_{14}、DMU_{15}）的 DMU 效率值小于 1，技术创新绩效水平相对低效率。在这 11 个相对低效率的 DMU 中，2004 年、2005 年、2007 年、2011 年、2012 年、2014 年、2015 年（DMU_4、DMU_5、DMU_7、DMU_{11}、DMU_{12}、DMU_{14}、DMU_{15}）7 个边缘非效率单位只要在投入产出项方面稍做调整即可达到效率值为 1，而剩下的 4 年无效率，要提高其绩效是非常困难的，只能同时调整投入与产出两个方面的多项指标。

第二，规模效率表示该部门的投入项和产出项之间是否达到最佳状态，可用值为 0 作为分界，小于 0 意味着规模效益递减，此时增加投入不可能带来更高比例的产出，投入规模的增量只换取到相对较小的产出效益规模；

反之大于 0 的情况下意味着规模效益递增，此时增加投入将有更高比例的产出；而等于 0 时规模效益不变。从表 6 – 4 中看到，规模报酬不变的有 2001 年、2002 年、2006 年、2013 年、2015 年、2016 年、2017 年、2018 年、2019 年，规模报酬递增的有 2003 年、规模报酬递减的有 2004 年、2005 年、2007 年、2008 年、2009 年、2010 年、2011 年、2012 年、2014 年。

规模报酬不变的有 2001 年、2002 年、2006 年、2013 年、2015 年、2016 年、2017 年、2018 年、2019 年，产出情况尽管非常低，就绝对值而言，它技术创新的强度很弱，尽管效率达到了有效值，结合本书在文中提示的江西区域创新的规模上限非常大，意味着江西的创新潜力巨大，在现有技术产出水平下，在不降低区域创新竞争力的前提下，江西省可承载创新投入产出规模很大，因此，在不突破上线基础上的投入项与产出项同比例协调扩张，可以达到提高创新效率，提升新能力的目的。

第三，表 6 – 5 显示，2003 年、2004 年、2005 年、2007 年、2008 年、2009 年、2010 年、2011 年、2012 年、2014 年、2015 年不具备技术有效性和规模有效性，其投入的冗余存在过量或不足的现象，造成其相对无效率。通过差额变量分析，可以给出非技术有效的 6 年投入改进措施：

处在规模报酬递增的阶段的 2003 年，投入的 4 个指标，即大中型工业企业科技活动经费内部支出、高技术产业从业人员、创新环境水平值、大中型工业企业技术改造费用支出，产出的 3 个指标中也存在不足，导致其绩效相对较低。可以通过加大创新的投入，提高资源利用效率，而扩大生产规模，同样可以提高创新效率，提升创新能力。2003 年单位能耗产出要提高 1.4%，高技术产业总产值提高 4.726 亿元（结构性产出不足）；大中型工业企业科研经费内部支出降低 17294.827 万元，降幅为 18.07%，高技术产业从业人员减少 12812 人，2003 年的创新环境水平值高于产出水平，创新环境水平在 0.034，即符合当前的产出水平，同时大中型工业企业技术改造经费支出降低 120098.462 万元，降幅为 55.9%。表 6 – 5 给出了差量分析后，为提高江西区域创新效率，各主成分需要调整的方向和幅度。

分析处于规模报酬递减的 2004 年、2005 年、2007 年、2008 年、2009 年、2010 年、2011 年、2012 年、2014 年。其中 2004 年、2005 年、2007 年、2011 年、2012 年、2014 年只需要通过投入产出的微调，即可达到效率值为 1，同样可以通过在不突破上线的基础上的投入项与产出项同比例协调扩张，可以达到提高创新效率，从而达到提升新能力的目的。

而处于规模报酬递减的 2009 年和 2010 年。表 6 – 5 同样也给出了差量分析后，为提高江西区域创新效率，各主成分需要调整的方向和幅度。2009年发明专利授权量要提高 288 项；大中型工业企业科研经费内部支出降低 5350688.85 万元，高技术产业从业人员减少 15899 人，创新环境水平值高于产出水平，创新环境水平在 0.193 即符合当前的产出水平，同时大中型工业企业技术改造经费支出降低 7414599.771 万元。2010 年高技术产业总产值提高 39.436 亿元（结构性产出不足）；大中型工业企业科研经费内部支出降低 215531.471 万元，高技术产业从业人员减少 14720 人，创新环境水平值高于产出水平，创新环境水平在 0.253 即符合当前的产出水平，同时大中型工业企业技术改造经费支出降低 518036.099 万元。通过缩小生产规模，降低各项投入，以达到技术有效和规模有效。

第四，需要注意的是，针对不具备技术有效性和规模有效性的调整方向和幅度，仅指相对当前的不合理配置给出的改善意见。若各指标按改善意见后同比例协调增加则不再影响其有效水平，改进仍然是有意义的。因此，可以在前沿范围内增加各项投入，从而在更高水平基础上实现技术有效，从而实现经济更快发展，创新能力更高水平提升。

第五，总体来说，江西的创新情况投入资源比例不协调、没有实现高效产出。

从表 6－3、表 6－5 可以看到，创新环境水平值投入较多，没有按照创新环境中的六要素对创新能力的不同贡献度进行最优的配置，因而造成资源投入的浪费。

高技术产业从业人员数相对较多，造成了投入资源比例不协调，没有实现高效产出。一个重要的原因是参与 R&D 的人员素质不高，创新研究能力不足。可以考虑进行人力资本结构调整，即精简素质不高的人员，大力引进高素质人才，将有利于这一状况的改善。

大中型工业企业科技活动经费内部支出、大中型工业企业技术改造费用支出是浪费严重的投入项。相对于当前的产出水平，这两项的投入没有达到应有的效果。原因是科研经费和技术改造没有很强的针对性，或者产学研链接上造成浪费。

“发明专利授权数”是需要大幅度提高的产出项，是三个产出指标中需要增产最多的指标，充分说明专利创新方面尽管增长速度很快，但整体申请数量不足，申请专利的质量也不高。以下几个方面原因导致此种现象：政府政策导向及刺激力度不足、创新意识不足、专利申请意识不足、专利未转化为生产力、科技落后等。因此，政府应该制定激励措施，保护产权，从多方面提高专利产出数及专利质量的目标。

单位 GDP 能耗也是需要加强的产出项，从中部地区的横向比较来看，江西的单位 GDP 能耗是中部地区最高的；纵向发展来看，也存在偏高的现象，说明江西传统产业比重过高，导致生产方面的能耗过多，高新技术或者说绿色环保、高效生产不够。

高技术产业总产值是改进较少的产出项，可见江西省在高新技术的引导生产方面做得还是有成效的，发展比较快，为追求更完美的 DEA 有效水平，只需做很少的努力即可达到目标。但是高新技术产业的发展并没有产生相应的“涓滴效应”和技术外溢。

（四）结论和启示

（1）横向比较看，江西的区域创新能力在中部地区处于中下水平，创新投入和创新产出整体水平不高，总量不大，但江西的创新潜力非常大，今后的工作重点应放在既要提高创新资源投入，又要提高创新资金和创新人才的使用效率，通过创新能力的提升，江西能够保持长期、高速的增长。

（2）纵向比较看，江西的各项投入产出指标在逐步改善，但整体的创新效率不高，存在着投入的相对过剩和产出的不足和低效等现象。因为创新环境的各要素投入不够：人才不足、参与 R&D 的人员素质不高、创新研究能力不足，基础设施有待完善，金融环境支持创新的力度不够，劳动者素质不高、人们创新意识不足、创新创业的支持和引导不够，高新技术产业的技术没有顺利扩散、传导；创新环境的各要素的配置不合理；科研经费和技术改造针对性不强；产学研的链接上出了问题而造成浪费；政府政策导向及刺激力度不足；专利申请意识不足、专利未转化为生产力、科技落后，传统产业比重过高，生产能耗过多，技术创新项目中制度保证的有效性不高，影响了江西的创新能力提升。

（3）创新投入的相对过剩并不意味着绝对数量过多，相反，从江西的巨大创新潜力看创新投入远远不够，需要加大创新的投入，通过支撑创新能力的创新环境要素的加大投入和合理配置，提高研发人员的素质和人员的引进，产学研的渠道通畅，政府政策的合理引导和刺激，创新意识的增强，专利的保护，完善的制度保障，合理利用和扩散高效的技术，提升技术积累，支持企业的技术开发，高效的生产等行为和措施，刺激投入，保护引导创新、提高产出效率，提升江西创新能力。

（4）区域创新能力建设是一项艰巨而又重要的工作。政府明晰自己的定位，发挥自身的优势，在充分重视创新主体的需求，尊重市场的企业自发创新行为前提基础上，营造创新环境，改善创新基础环境、制度环境等，引导、规范创新主体（企业、大学和研究机构）进行创新活动，形成创新能力提升的良性循环。

五、小结

选择能力评价 DEA 分析方法。旨在通过给定要素投入条件，以获得最大产出量，以便衡量技术效率，并通过技术效率测度创新能力大小。然而，技术效率可以分解为主要体现在制度安排、技术创新以及管理效率的提高等方面纯技术效率和主要体现在规模扩张等方面的规模效率。针对两种不同的效率，政府给出的创新发展制度安排是有区别的。因此，分清纯技术因素和规模因素对国家和区域制定科学的发展战略更具有建设性意义。

本章选取江西作为实证对象进行研究。区域创新能力测度的可靠性在于数据来源的可靠性。在江西省区域创新能力的实证研究方面遇到的最大问题是数据的缺损和数据的不相容。基于这个方面的原因，我们只以创新的投入能力，通过德尔菲方法获得的创新环境水平值和创新的产出能力两大指标体系的部分可以获得的数据，通过基于 DEA 方法而设立的模型来进行实证分析，既可以突出创新的特点，实证的结果又可以基本体现江西省区域创新能力的大致水平。

从中部六省横向比较看，江西的区域创新能力在中部地区处于中下水平，创新投入和创新产出整体水平不高，总量不大，但江西创新潜力非常大。通过创新能力的提升，江西能够保持长期、高速增长。从江西 2001 ~ 2019 年的纵向比较看，江西的各项投入产出指标在逐步改善，但整体的创新效率不高，体现为创新各要素的投入不够、产出的不足和低效等问题。通过对江西区域创新能力体系的研究，掌握创新能力体系的内在结构和创新能力存在的主要问题和障碍，提出加大创新的投入，创新环境要素的合理配置，提高产出效率等方式，提升江西创新能力。

第四篇　案例研究

通过将创新能力提升实例作为研究对象，进行分析解读和理性思考，进行理性开掘和理论解释，探索创新能力提升的办法，实现创新能力提升。创新能力的提升，既包括市场微观主体企业的提升，也包括政府层面的开发区、工业园区等方面的创新平台的能力提升。以一家高新技术企业JN光电为设定，探讨在高新技术产业化过程当中，政府在加强对技术创新和高新技术产业化工作的领导、大力推行财税金融扶持政策、完善科技奖励制度、进行科研机构管理体制改革、高新技术产业开发区建设、科研基础设施建设等方面的良好环境机制体制、创新环境整合和优化方面的努力，以及企业自身进行的“困境突围”的实践。进而从案例研究方面对创新环境和创新能力之间的协调互动，从而获得创新能力提升方面进行验证。以南昌国家高新区作为案例，从内、外环境两个方面提出了南昌高新区创新环境的内容，从区域创新环境、高新区企业创新能力、区域创新网络3个方面分析了南昌国家高新区创新能力培育存在的问题，强调从强化高新区企业自主创新能力、搭建创新网络平台、重视高新区区域创新环境建设等方面加强高新区区域创新能力的可能性，从而促进高新区持续健康发展。

第七章　JN 光电企业创新能力提升案例*

一、JN 光电企业基本情况

JN 光电是一家专业从事硅衬底 GaN 基 LED 外延材料与芯片研究与生产的高科技企业。作为在硅衬底氮化镓 LED 领域的技术先行者，JN 光电是世界上第一家实现硅衬底 GaN 基 LED 芯片量产商业化的单位，在显示和数码领域初步确立了行业优势地位，并于 2010 年入选世界知名清洁能源集团宣布其 2010 年的清洁技术企业 100 强。[①] 权威的美国麻省理工学院《科技创业》（*Technology Review*）杂志评选出的“2011 年度全球最具创新力企业 50 强”，JN 光电入选其中。[②] 2012 年 JN 光电实现销售额 5 亿元，2014 年上半年 JN 光电公司实现产值 4.5 亿元，同比增长 50% 以上，其利润水平好于同行业企业。JN 光电逐渐由 2006 年的一个研究开发型本土企业成功转型为一

---

* 根据相关类型企业作为背景整理编写所得。

① 全球清洁技术 100 强旨在提供一个全球清洁能源创新变化的晴雨表。这个名单包含 100 个极具潜力的公司，这些公司都是一些领头公司，它们代表着过去一年所发生的创新，以及早期的技术和市场指标的出现和成长趋势。全球清洁技术 100 强项目，联同卫报和媒体，在清洁能源技术方面为全球创新和投资吸引了更多的关注和清洁技术创新领域的全球投资，并获得了高度的认同，越来越多的人在那里取得重大进展：发展新业务和新产业，创造就业机会。2010 年全球清洁技术 100 强是从 3138 名提名者中选出，由专家小组审议并表决通过的，该小组由 60 名成员组成，主要是北美洲、欧洲和亚洲的主要投资者和工业的开拓者、领导者和多国冉冉升起的新兴代表。由于在清洁能源技术上的技术创新和前瞻性贡献，JN 光电被列入全球 100 强名单，成为亚太地区前 10 名和中国三家入选公司中的一家。

② 《科技创业》杂志总编兼出版人詹森·庞庭（Jason Pontin）说：“这次入选 50 强的企业都是各自行业的领军者，它们的创新技术引领了行业的发展。”在谈到入选标准时，他说：“我们没有把市场份额作为标准，而是着重考察企业的创新能力，以及它们的创新力给行业带来的主导性影响，即是否引领了行业潮流。入选的 50 家公司包括各行业国际顶尖的领军企业，如亚马逊、苹果、应用材料、西门子、Google、IBM、丰田、Facebook、Twitter 等公司，JN 光电此次作为三家入选的中国公司之一，也是全球唯一一家入选的 LED 企业。”JN 光电的入选理由是：“LED 高效节能，可广泛应用于建筑及家庭，但其价格昂贵。JN 光电可以在地球上最丰富的硅材料上制作高亮度 LED 发光材料，可望大幅降低 LED 成本，进入普通家用照明市场。”

个全球化公司，目前注册资金9300万美元，总投资超过10亿元。

“发光二极管”是一种冷光源，加上3伏特左右的电压、通上毫安量级的电流就可以发出一定颜色的光，是电子信息技术领域主要基础元器件之一。由于其体积小、功耗低、寿命长、响应速度快、可靠性高等特点，用途广泛、市场巨大。它除了在各种工业设备、仪器仪表、通信、交通、金融、家用电器、室内外装饰等作信息的指示、显示和传递之用，还将引发一场照明工业的技术革命，逐步替代白炽灯和荧光灯。

二、JN光电企业创新能力提升的做法和成效

（一）强化创新技术

（1）核心技术完全的自主知识产权。在“半导体照明”领域，美国的技术路线是在“碳化硅”衬底上制备蓝光材料，而日本的技术路线是在“蓝宝石”衬底上制备蓝光材料，美日两国作为技术先行者分别垄断了这两种技术路线的绝大部分原创性的知识产权。因此，各国研究人员都在寻求专利突围路线，希望在其他衬底上制备蓝光材料。JN光电的核心技术是以南昌大学承担的国家“863”计划“硅衬底蓝光二极管材料及器件”研究课题为依托的江西不可多得的具有南昌大学发光材料与器件工程研究中心课题组原创知识产权的优秀项目。课题组自1996年开始从事发光材料研究工作，经过10年艰苦奋斗，通过3000多次实验，从跟踪走向跨越，研制成功了具有国际领先水平的硅衬底发光二极管材料及器件。南昌大学发光材料与器件教育部工程研究中心通过近一年多来的努力，在研制硅衬底蓝光二极管方面取得了突破，并通过了验收，也受到了美国、德国、日本、韩国等权威专家和我国权威专家的一致好评，在研究阶段上处于领先地位。其研制成功的“硅衬底蓝光二极管材料及器件”，是一种新型发光材料与器件，即用“硅”代替传统的“蓝宝石”或“碳化硅”作衬底制造发光二极管材料及器件。由于这种材料与器件生产成本比较低，是目前市场上“蓝宝石”衬底蓝光器件的1/2、“碳化硅”衬底蓝光器件的1/4，是目前市场上“蓝宝石”或“碳化硅”衬底发光材料与器件产品的有力竞争者，具有较强的国际竞争力，学术界和产业界均看好这一技术的发展潜力。该技术被国内同行权威专家评价为“国际一流水平”，被美国、日本、德国、韩国

等国家的顶尖级同行专家评价为“目前国际上最好结果”。[①] 在 2006 年 1 月国家科技创新大会，该成果被国家列为科技创新重大成就展项目。2006 年 7 月，JN 光电硅衬底蓝光 LED 材料生长与器件制造技术获得首届国家半导体照明工程创新大赛研发创新奖。目前已经拥有 50 多个国际国内专利，覆盖了 LED 外延生长和芯片加工的全部领域，所生产的产品具有完全的自主知识产权和专利保护。在 2009 年度 LED 行业评选颁奖典礼上，公司硅衬底功率型蓝光 LED 芯片荣获“2009 年度中国 LED 技术创新奖”。2006 年 7 月，公司硅衬底蓝光 LED 材料生长与器件制造技术获得首届国家半导体照明工程创新大赛研发创新奖。在第 19 届广州国际照明展览会上，JN 光电硅衬底 GaN 基大功率 LED 芯片荣膺“阿拉丁神灯奖”十大产品奖，是目前为止国内唯一获奖的 LED 芯片产品。硅衬底 GaN 基大功率 LED 芯片是全球唯一一款用 GaN-on-Silicon 技术设计的垂直结构大功率 LED 芯片产品，创新性地采用硅代替传统的蓝宝石和碳化硅作为生长衬底，从源头上避开了国外大厂的专利壁垒。其中硅衬底 GaN 基蓝光 LED 技术获得 2015 年度国家技术发明奖一等奖。硅衬底 LED 技术远远不止于蓝光 LED，以硅衬底 LED 蓝光技术为基础，可扩展至紫外、黄绿光、电子器件等领域。JN 光电成功开发出了国内领先的硅衬底紫外 LED 光源，大量应用于在工业固化（油墨、印刷等）、美甲、诱蚊等领域。

由 JN 光电牵头，联合上下游产业链企业，在 CSA 的组织下，共同起草了室内紫外 LED 诱蚊灯性能要求。标准于 2020 年 6 月立项，经多轮会议讨论、意见收集及完善，于 2021 年 6 月 28 日正式发布。

在硅衬底 LED 技术迈步前进之时，全球 LED 产业格局正发生翻天覆地的变化，随着世界主流 LED 厂商如美国亮锐（Lumileds）从飞利浦（Philips）集团剥离、德国欧司朗（Osram）照明业务朗德万斯（Ledvance）改嫁中国、乐金（LG）出售 LED 业务，由此中国 LED 逐渐成为全球 LED 制造担当。

（2）成功实现产业化的技术攻关。受益于国家自主创新体系建设，JN 光电创新性地用的“硅”代替传统的“蓝宝石”或“碳化硅”作为衬底制造氮化镓基 LED 器件，完成了在实验室放大阶段的研发工作，解决了产业化前的技术攻关和优化工作，达到中试水平。在硅衬底上获得了高质量的

① 国家“863”计划纳米科技专项首席科学家江雷教授评价为：“……打破了目前日本日亚公司垄断蓝宝石衬底和美国 CREE 公司垄断碳化硅衬底半导体照明技术的局面，形成了蓝宝石、碳化硅、硅衬底半导体照明技术方案三足鼎立的局面。”

GaN 基发光二极管材料，研制成功硅衬底 GaN 蓝色发光二极管，达到实用水平。在全球率先将具有自主知识产权的硅衬底 LED 技术产业化，颠覆了日本、美国等发达国家垄断 LED 核心技术的局面，在严密的专利封锁中闯出了第三条半导体照明技术路线，形成蓝宝石、碳化硅、硅衬底半导体照明技术方案三足鼎立的新格局。JN 光电在 2009 年实现硅衬底小功率 LED 芯片量产，并迅速在数码产品领域确立了行业优势地位。2012 年 6 月，JN 光电全面实现新一代硅衬底大功率 LED 芯片量产，并成功应用于路灯、球泡灯、手电筒、矿灯头灯等室内外中高端照明产品。JN 光电是全球首家实现在硅衬底上生产并销售 LED 产品的单位，是全球第一家量产高功率、高性能的硅基 LED 芯片公司。目前，JN 光电可以在 8 英寸硅衬底上生长 HEMT 器件用的 GaN 材料，跑在了行业前列。研究团队还在做硅衬底 Micro LED，这是终极显示技术，可以发挥硅衬底垂直结构的优势。

（二）搭建创新支撑平台

（1）经验丰富的创新团队。公司拥有超过十位的美国名校毕业博士、数十位教授级别专家组成的团队，专业涵盖了晶体材料、光学、光器件、半导体等多个领域。在材料制备部分环节和器件制造部分工序等方面，我国大陆缺乏经验。为此，该项目必须从美国以及中国台湾等国家或地区引进专门人才。2014 年通过整合韩国和中国台湾的研发资源，已经建立起全球化的产业团队。2015 年公司开始建设在美国的研发及生产中心。

（2）雄厚的国际化资本平台。LED 产业是资本密集型产业，其发展需持续的大量资本投入。实验室水平要达到产业化，需要足够的资金建设中试生产线。完成中试任务，需要投入大约 6000 万元。在中试成功后进入大规模的产业化投资和生产，还要追加投资 5 亿 ~6 亿元，实现批量生产。批量生产过程当中要继续在研发领域投入。申请国际专利的过程当中，要取得较好的保护作用需在 5 个主要发达国家或地区申请专利，该项目可申请的国际专利约 20 项，申请费和律师顾问费超过 1000 万元。LED 的制造涉及几万项国外专利技术，要大规模生产，走向国际市场，必须取得部分国外专利的许可，购买国际专利。2006 年成立至今，JN 光电凭借在硅衬底蓝光 LED 材料及芯片技术上的突破吸引了多家海外投资基金青睐。专注投资中国早期高科技公司的基金第一期投资规模 1000 万美元，主要用于添置中试设备和设施，进一步优化和放大现有实验室技术，达到稳定生产，同时用于申请国际专利和小批量生产为大规模产业化奠定基础。第二期投资由新加坡淡马锡控股公司、GSR 等风险投资基金共同投资约 6000 万美元，购买土地、启动厂房的建设，实现批量生产。2010 年 12 月，以国际金融公司（IFC）为首的投资机构对 JN 光电进行 5550 万美元注资，实现扩产。2014 年 7 月获得由亚太资源开发投资公司领衔投资的新一轮 8 千万美元融资。

（3）国际专利保护与购买。如果说技术创新是 LED 企业市场竞争的筹码的话，那么，专利就是技术创新的“护身符”。从技术取得突破开始，JN 光电就以硅衬底 LED 技术为核心，覆盖外延生长、芯片制造、封装及应用的专利网在欧洲、美国、韩国、日本等 LED 发达国家及地区铺开。JN 光电的核心技术从学术上证明了硅衬底发光二极管可以达到产业化水平。这无疑提醒了国际同行尤其是国外大的半导体企业，可以预见国外半导体企业会立即投入大量的资金和人员来研发。截至 2020 年，JN 光电已经拥有 420 多个国际国内专利，覆盖了 LED 外延生长和芯片制造、封装及应用的全部领域，所生产的产品具有完全的自主知识产权和专利保护。公司研发的突破主要在选择衬底技术上面，有原创的自主的知识产权，但 LED 的制造涉及外延材料生长、芯片加工等多个领域的国外专利技术，国外同行已申请 LED 专利几万项，公司要大规模生产，走向国际市场，不可避免要用国外专利，必须取得部分国外专利的许可。

（4）实力雄厚的技术研发平台。硅衬底 LED 技术的魅力吸引了众多优秀海内外人才，已经拥有了科技部批准的国家硅基 LED 工程技术研究中心和国家发改委批复固态光源国家地方联合工程技术中心两大实力雄厚的技术平台，形成了外延材料、芯片、封装和应用研发的垂直一体化，加之硅衬底 LED 产业链企业联合包括教育部发光材料与器件工程研究中心在内的国内多家著名的高校和科研院所，为硅衬底 LED 技术的创新打造了强有力的产学研平台和技术孵化平台。

（三）完善发展环境

（1）江西成立了“硅衬底发光二极管材料及器件产业化领导小组”。由常务副省长担任该领导小组组长，省政府发展研究中心、省发改委、省教育厅、省外经贸厅、省科技厅、省信息产业厅、省经贸委、南昌市政府和南昌大学等部门领导为领导小组成员，在领导小组领导下组织招商引资、解决重大问题，将有关项目纳入省重大项目调度范围、列为省重点工程。

（2）江西省委、省政府提出了支持 LED 产业发展的 16 条举措：支持 JN 光电建立国家级技术标准；支持 JN 光电建立国家级 LED 工程中心；支持JN光电申报国家科技进步奖；南昌市和省直有关部门要积极争取国家高新技术的投资和专项；支持LED产品开拓市场，配合企业计划，组织举办重点应用领域的洽谈会、订货会；支持政府采购LED产品；支持LED产业发展用地；支持LED产业流动资金信贷担保；支持省级节能减排资金集中用于节能产品；支持2009年高新技术成果产业化资金继续给予LED产业发展支持；支持建立LED特色产业园；支持LED产业园有关规费减免；支持LED产业项目列入省级重大项目调度；支持南昌市与金沙江创业投资公司等建立LED产业发展基金；支持LED产业重点招商；省市成立推进LED产业园建设领导机构，建立定期调度制度，检查工作进度，检查措施落实情况，确保阶段性工作目标的实现。

（3）给予相应的税收优惠政策。在企业所得税方面：硅衬底发光二极管材料及芯片制造部分享受集成电路的优惠政策，现阶段为五免五减半（见国务院《鼓励软件产业和集成电路产业发展的若干政策》及有关配套政策；国家信息产业部《2006年电子信息产业发展基金项目指南》第二条集成电路中半导体照明用外延片开发及产业化部分）。在增值税方面：按法定税率征收后，对实际税负超过3%部分，即征即退；所退税款用于研发和扩大再生产，不作为企业所得税应税收入，不征收企业所得税（《鼓励软件产业和集成电路产业发展的若干政策》有关软件部分及北京等地配套政策）。个人所得税优惠。为了有利于从境外引进企业所需的具有国际视野的高层次人才，参照上海等地方政府对高技术企业的承诺，对公司高管和核心技术人才，5年内个人缴纳的所得税地方（省、市、区三级）留成部分奖励给纳税人员。对核心团队从公司（或母公司）股权或期权激励中取得的增值收入或股息红利缴纳的个人所得税地方（省、市、区三级）留成部分奖励给纳税人员。

（4）土地优惠。依该公司的实际状况，参照其他地方省市的做法，根据相关政策的规定，以最低价格按三期计划提供该公司土地1000亩（其中为了引进本专业领域大量海外杰出科技和管理人才来南昌工作，200亩作为生活配套区），进行整体规划，分期实施。

（5）加强金融扶持政策。省政府根据国家的有关规定，以引导、扶持和有限参与为基本原则，推动建立风险投资公司和风险投资基金，积极稳妥地推进风险投资事业的发展。先期筹资3000万元，设立省级高新技术产业发展风险投资基金，成立股份制风险投资公司。江西省政府整合江西省发改委、省科技厅、省经贸委共1亿元资金，支持组织实施23个高新技术产业化项目，鼓励以民间资本为主建立风险投资公司和风险投资基金，吸收地方、企业、金融机构、外商等各类投资者创业资本，向成长中的高新技术企业进行投资和支持科技型中小企业发展高新技术产业，鼓励国内外风险投资公司进行风险投资。凡在赣注册对江西高新技术产业领域的投资额超过其投资总额70%的风险投资公司，可比照执行江西省高新技术企业税收及其他优惠政策。在2012年第十二届信息产业重大技术发明评选结果中，JN光电“硅衬底氮化镓基LED材料及大功率芯片技术”项目被评为信息产业重大技术发明，将被纳入《电子信息产业发展基金项目指南》，享受国家电子信息产业发展基金项目资金扶持。

2016年，江西省正式谋划筹建南昌光谷，以硅衬底GaN基技术为技术支撑，锻造江西LED产业核心竞争力。南昌市政府组建了洪城资本基金，规模5亿元，主要投资方向之一就是光电类企业，以便打造更大规模的南昌LED产业。2017年，南昌市政府又组建了洪城资本二期，规模同样是5亿元。2019年，由江西省财投、江西省工信投、南昌工业控股、临空组团共同组建的10亿元规模光谷基金成立，致力硅衬底LED技术应用优势放大。

（6）政府采购优先安排该企业自主创新的相关产品。根据国务院印发实施的《鼓励软件产业和集成电路产业发展的若干政策》第二十五、第二十六条以及《国家中长期科学和技术发展规划纲要（2006—2020）的若干配套政策》第二十二条“建立财政性资金采购自主创新产品制度”、第二十三条“改进政府采购评审方法，给予自主创新产品优先待遇”的相关规定，建议江西省政府采购相关产品时优先安排JN光电（江西）有限公司自主创新产品（产品主要包括市政景观照明、运动场馆的户外显示屏、信息显示屏等领域，产品目录由晶能光电公司提供给省政府采购中心）。产品领域包括：市政景观照明、运动场馆的户外显示屏、信息显示屏等。

（7）加强科研基础设施建设。以高等院校、科研院所、大中型企业现有实验室、研究室或技术开发中心为依托，建立包括江西省发光材料重点实验室在内的22个省级重点实验室和工程研究开发中心。努力营造人才培养、引进、使用的良好环境。具体包括：一是加快培养一批高层次创新人才。通过实施“领军人才建设工程”“百千万人才工程”和“井冈之星创新人才培养工程”，重点培养院士后备人才、科技领军人才、企业自主创新领军人才和科技成果产业化人才。在基础研究、高技术研究、社会公益研究和高新技术产业化等领域，着力培养造就一批创新能力强的高水平创新带头人，形成优秀创新人才群体和创新团队。二是改革科技人才的管理体制和用人机制。在注重本地人才使用和培养的同时，积极引进国内外优秀科技人才。三是改革和完善科技奖励制度。从 2006 年起，提高省科技奖奖金额度。同时，设立省级专利奖，对进行发明创造并在省内实施、为经济发展做出突出贡献的专利权人予以奖励。

（8）配套半导体照明科技园的规划与建设。鉴于本项目取得的技术优势和发展远景，在我国台湾地区以及新加坡等地实现部分上游原辅材料供应商和下游封装同时应用企业已经表达了在南昌集聚、就近配套的意向，这将对公司的发展以及南昌半导体照明基地的建设具有重要意义。落户园区规划建设一配套半导体照明科技园，出台相关政策，吸引半导体照明产业在南昌的集聚。

（9）其他优惠。一是基础设施配套：做好五通一平，五通包括水（雨水、污水）、电（双路供电）、气、路、通信（包括宽带和有线电视）等。二是建筑规费免缴：包括市政配套、教育附加、人防工程等。三是研发资金配套：对企业取得的国家发改委、科技部、教育部等国家研发资助资金，财政给予一定的配套。四是把该公司技术产业化列为省重大工业项目。五是在教育部发光材料与器件工程研究中心基础上争取成为国家发改委批准的国家工程中心。六是在省政府的支持下南昌市已被科技部批准为国家半导体照明工程产业化基地基础上争取科技部批准的半导体照明国家研发平台。七是筹建期间，落户园区提供免费办公用房。

三、小结

本章主要从创新企业的角度，探讨在创新能力提升过程当中的关键因素。认为企业的创新能力培育和发展需建立在：第一，创新技术。尤其是核心技术完全的自主知识产权占有方面，这种优势是不可复制的，必须得到强化。第二，创新支撑平台的搭建。技术创新离不开创新支撑平台的搭建，平台包括经验丰富的创新团队，实力雄厚的技术研发平台，国际专利保护与购买，以及雄厚的资本支撑。第三，政府对创新环境的打造。政府在企业创新能力培育、发展过程当中起到不可或缺的作用。包括在创新企业的发展初期，给予相应的税收优惠政策，加强金融扶持政策，政府采购优先安排；在发展成熟期，通过加强科研基础设施建设等方面的打造，可以通过环境的打造提升企业创新能力的作用。

第八章　南昌高新区创新能力提升案例*

一、南昌国家高新区基本情况

南昌国家高新区坐落在风景秀丽的艾溪湖瑶湖风景区。南昌高新区创建于1991年3月，1992年11月被国务院批准为国家级高新区。高新区位于南昌市城东板块，区域面积286平方公里，下辖昌东、麻丘两个镇和艾溪湖管理处、鲤鱼洲管理处两处，南昌航空城、大学科技城两城，高新控股、华赣公司两个平台公司，以及一个合作产业园（进贤产业园），辖区人口60万人。高新区所在地南昌地处中国经济最发达的长江三角洲、珠江三角洲和闽东南三角区的最佳“结合”部，是中国内陆承东启西、贯通南北的战略要地和重要交通枢纽，区位优势明显。京九线、昌九城际铁路、昌福铁路（向莆铁路）、沪昆高铁、昌吉赣客运专线（在建）、昌景黄高铁（建设中）在此构成“金十字”铁路交会；水运顺赣江入长江直达上海港出海。昌九高速、京福高速以及105、316、320等十几条国道在此形成“天”字形高速公路网，构筑起辐射周边省际城市的5小时经济圈；昌北国际航空港开辟了直达国内各中心城市乃至世界各地的国际国内航线，交通便捷。作为距离市中心最近的开发区，南昌高新区依托南昌的区位优势和交通条件，成为企业及研发机构竞相落户的首选之区。

高新区已开发产业区面积70平方公里，截至2021年初，南昌高新区进区企业已达2万余家，规模以上工业企业187家，世界500强、中国500强和民营企业500强总计23家，总部在高新区的上市公司18家，千亿产业增至2个（新材料、电子信息）、百亿企业增至9家（欧菲、正邦、双胞胎、中烟、方大特钢、江铜集团、洪都、华勤、济民可信）、50亿企业增至6家。江西省十大战略性新兴产业高新区有6个，南昌市5大战略性支柱产业

---

* 根据南昌高新区相关报道及咨询整理所得。

有4个主要集中在高新区，已成为省市战略性新兴产业发展的主要聚集地。服务外包产业异军突起。吸引了世界500强的德国贝塔斯曼欧唯特、日本日立物联网、美国甲骨文、戴尔及中国台湾的英华达、国内软件百强中兴、用友软件等知名企业入驻，成为推动南昌市在全国21个服务外包示范城市由排位后列到位居中游。国家级医药国际创新园落户高新区，是国内第二个国家级医药国际创新园。

2020年度高新区全区有高新技术企业560家，累计1000多个项目获得国家级科技计划立项，共计400余项成果获得国家、省、市科技进步奖，其中国家技术发明一等奖1个，国家科学技术进步一等奖1个、二等奖9个、三等奖1个，江西省科学技术奖励27个，约占全省获奖成果的19%，其中，全区获得省科技进步一等奖成果总数占全省的40%。

南昌高新区2020年在全国169家国家级高新区综合排名中，连续6年进位赶超，首次进入"2字头"，跃升至第26位，站稳"第一方阵"；连续两年在全省开发区改革和创新发展综合评价中排名第一；连续4年在全市产业和城市建管"三看"排名第一；连续3年在全市高质量发展及党的建设目标管理考核中获得优胜奖；连续3年在全市领导班子考核中被评为优秀；获得2020年全省首届"十佳优化营商环境工业园区"等称号。

全区拥有国家级创新平台29个，国家级产业基地13个，工程（技术）研究中心、技术中心、重点实验室等各类科研平台370余个，双创载体孵化场地面积约150万平方米，建设了南昌国家大学科技城、南昌大学国家大学科技园等30余个创新载体。共有国家级科技企业孵化器5家、省级科技企业孵化器7家、市级科技企业孵化器9家，国家级备案众创空间6家、省级备案众创空间12家、市级备案众创空间12家。

2020年，完成地区生产总值745.11亿元，增长5.5%；园区总收入突破5000亿元大关，园区主营业务收入突破3000亿元，在科技部火炬中心公布的全国169家国家级高新区综合排名中跃居第26位，连续六年进位赶超，比2014年提升35位，站稳国家级高新区"第一方阵"。已成为江西省科技含量最高、产业集聚效应最显著、发展速度最快、创新能力最强的经济区域。

二、南昌高新区创新能力提升的主要做法和成效

（一）科学规划

(1) 重新定位。"十一五"时期，南昌高新区根据园区发展趋势并借鉴

发达地区园区建设的新理念对总体建设规划定位进行了调整，把南昌高新区建设定位由原来单一的工业园区调整为现代化、国际化、生态化、都市型的科技新城区。按照城市的功能区进行用地布局调整，完善高新区的总体规划和控制性详细规划，强化空间一体化，努力构筑层次明确、布局合理、发展联动、设施共享的城乡空间发展形态。大力发展现代服务业，增加了作为城市中心核心区域所需要配置的城市服务功能，使园区的城市空间形态由单一的厂房变成纵横林立的现代化高楼，形成以工业研发为主，办公、住宅相配套，集商务、休闲、娱乐等为一体的现代化、国际化、生态化的科技新城区。

高新区根据南昌市总体规划中“一江两岸、南北双城、双核拥江、组团发展”的大城市发展总体思路，以“双核三圈五组团”的全新空间布局的总体规划指导，编制了《环瑶湖地区发展概念规划》。在该规划基础上，在“产业基地与科技新城”同建思路指导下，瑶湖组团依托瑶湖的自然生态资源和便利的交通网络，与高新区现有的产业发展结合，规划布置七大园区，即中央商务区、光伏产业园、国家医药国际创新园、航空城、LED产业园、麻丘综合区以及服务外包等低碳生态产业园。

（2）盘活存量用地，提高土地投资强度和土地利用率。为发挥土地最大效益，提高土地利用率，通过深挖潜力、盘活存量土地、收回闲置用地等办法，以招商合资、协议收回、合理补偿等方式，使利用率低的土地得到充分有效的利用。在工业项目引进时，从发挥土地最大效益考虑，特别注重其投资规模和科技含量，并根据江西省建设用地指标，按项目的建设规模和投资规模综合确定用地规模，适度控制项目建设用地规模。由于在土地供应和利用方面取得了成效，2008 年，高新区列为国土资源部土地节约集约利用潜力评估试点单位，有关评估成果通过国土资源部验收。

（3）建设高新产业配套基地。基地占地 200 亩，位于南昌高新区艾溪湖组团与瑶湖半岛总部经济组团交界处，基地建筑形态涵盖标准厂房、研发办公大楼、宿舍、食堂、球场等，从生产、技术研发及产品设计、总部办公、生活休闲、商业及金融服务、营销咨询等 6 大功能，充分满足入驻企业要求，为企业提供一体化综合产业配套基地服务。

（4）创建国家级生态工业园。将生态工业园建设作为一个品牌来塑造，高起点规划建设了占地 2500 亩的艾溪湖森林湿地公园，并在湖泊、主干道及企业周边建设了具有生态、绿化、美化功能的绿色走廊、绿色通道和绿色隔离带，打造了富有生态内涵的森林园区。2009 年 5 月，高新区顺利通过评审，成为中部地区唯一获得国家批准创建国家生态工业示范园的开发区。2010 年，全国仅 3 家企业（工业）园区获“低碳中国突出贡献园区”奖，南昌高新区获此殊荣。近年来，高新区完成 200 万平方米市政绿化面积，建成区道路绿地覆盖率达 40%，泓泰集团、联创光电等多家单位获得省级园林单位称号，形成了以沿江、沿路、沿湖生态景观带为主体，以入园企业、居民小区、闲置地块片区绿化为组团的复层绿化景观群。同时，依托一江相邻、三湖相间的独特生态优势，倾力打造艾溪湖湿地公园，启动了 18 平方公里的瑶湖森林公园建设，充分挖掘“一江相邻，四湖相间”生态优势，新建改造了鱼尾洲、南塘湖和艾溪湖、瑶湖等一批生态公园，配套建成一批城市绿道，塑造了城市的“绿肺”、候鸟栖息的天堂、市民休闲的热土，最大限度保留原生湿地生态特征和自然风貌，做到一年四季空气清新、鸟语花香。“最美高新”已深入人心、得到社会各界广泛认可。

（二）优化基础设施

（1）交通便捷。南昌地处中国经济最发达的长江三角洲、珠江三角洲和闽东南三角区的最佳“结合”部，是中国内陆承东启西、贯通南北的战略要地和重要交通枢纽，区位优势明显。南昌高新区是全国开发区中少数与市区融为一体的开发区之一，高新区距离北货运站 15 公里，距离火车站 10 公里，距离高铁站 25 公里，距离南昌港 16 公里，距离昌北国际机场 35 公里。区内道路与市中心直接连通，三纵五横的主干道和市区的阳明路、南京东路、北京东路、解放东路、顺外路融为一体，两条互通立交直达京福高速和德昌高速。地铁 1 号、3 号、4 号线全面接入，可以共享全市经济、文化、科技、信息和生活配套设施等各种资源。

（2）市政设施齐全。南昌高新区内支撑服务体系健全，海关、检验检疫、国税、地税、工商、质监、公安、法院、检察院等派出机构可为企业提供“一条龙”的高效便捷服务。产业区实现了道路、通信、供水、供电、排水、排污、煤气管网和土地平整“七通一平”。其中：日供水能力 10 万立方米，采用环网供水，与市区直接联通，可满足生产、生活用水。已建成装机容量为 10.3 万 kVA 的 110kV 变电站，和装机容量 3×15 万 kVA 的 220kV 变电站并投入使用。采用雨污分流排水系统。日处理污水 100 万吨的污水处理场已投入使用。自来水管网、有线电视网和高速宽带网络与市区直接联通。

（3）完善城市功能。构建“一区多园”发展模式，在每个专业园区均配套建设了产业综合服务邻里中心，打造了集标准厂房、办公研发、员工公寓、餐饮购物、文体娱乐于一体的“现代产业服务综合体”。高标准打造了9个“1+5+X”邻里中心市级试点。区内建有休闲公园、湖景公园、花园式科技人员公寓、宾馆、酒店、写字楼、工业标准厂房以及设施优良的寄宿学校和商贸网点，高新区已成为江西投资软硬环境最好的区域。快速推进总投资60亿元的绿地城市综合体、总投资18亿元的华新云中城、总投资4亿元的上海老街海上汇、总投资3亿元的五湖国际广场、总投资2.5亿元的泰豪科技广场等大型商业综合体建设。万达广场等商业巨头看好高新区，已完成项目选址等前期对接工作。目前，已有洲际、凯宾斯基、温德姆、格兰云天等5家国际知名五星级酒店签约落户。

（三）搭建创新孵化平台

（1）形成多元化的科技创新孵化体系。以科技创新孵化器为基础，遵循多元化、专业型、互动式发展思路，吸引社会资源，建立和完善多元化、多层次，服务于不同类型、不同规模企业的科技型孵化基地，形成集孵化、培育、创新、成长、壮大的科技孵化创新体系，培育良好的内生式发展机制，提升创新创业孵化能力，形成强劲的示范带动效应。通过整合现有资源与技术力量，在相关领域引导并建立工程技术研究中心、研发中心及重点实验室，采用开放联合、优势互补、共享资源、重点突破机制，鼓励相关产业联盟的形成和发展。

拥有各类技术中心48个，其中国家级企业技术中心4个，重点实验室15个，博士后工作站11个；通过政府与企业间的合作，拥有一批国家级创新基地，包括国家半导体照明工程产业化基地、金庐软件园、中国软件服务外包示范区、国家科技兴贸出口创新基地、国家高新技术产业集群标准化示范基地5个基地；建立了南昌高新区创业服务中心、南昌大学科技园有限公司、中国江西留学人员创业园、江西省高新技术创业服务中心、江西高技术产业发展中心、国家生物医药国际创新园6个国家级企业孵化器；南昌大学科技园、浙大科技园江西分园2个国家级大学科技园；国家“863”计划成果产业化基地3个；园区内设有国家级出口加工区、海峡两岸科技园；南昌高新区被确定为国家知识产权试点园区，区内拥有国家专利技术（江西）展示交易中心；培育了国家级创新试点企业6家，技术支撑服务平台10个，高新技术企业72家，共占江西省高新技术企业的1/4、南昌市高新技术企业的2/3。

（2）培育创新主体。江西省科研院所和普通高校聚集南昌，形成了强有力的研发集群。据统计，2020 年，全区新增各类研发机构 21 家，达到 371 家，引进和培养了国内外顶尖人才 23 人，国家级人才 44 人，省级人才 56 人，市级人才 164 人，各类技能人才 13 万人，高新区已成为省市高层次人才的重要聚集区域，拥有国家级创新平台 29 个，国家级科技企业孵化器 5 家、省级科技企业孵化器 7 家、市级科技企业孵化器 9 家、国家级产业基地 13 个，工程（技术）研究中心、技术中心、重点实验室等各类科研平台 370 余个。高新区推动了北京大学南昌创新研究院、中国信通院江西分院、华为南昌创新中心等一批重点研发平台落户。

构建以企业为主体、市场为导向、产学研紧密结合的技术创新体系。2020 年全年新增各类研发机构 20 家，培育各类创新载体 10 家，高新技术企业总数达 560 家，在“五城”建设中尽显“高新担当”。2020 年全区专利申请总量 3 万余件，专利授权量达 2 万件，每万人口发明专利拥有量达 58.7 件，居全省首位，科技进步贡献率达 65%；全区共有 363 家企业入国家中小企业库，入榜全省“独角兽（潜在、种子）、瞪羚（潜在）”企业 19 家，占全市 54%，占全省 17%。同时制定《南昌高新区关于加快科技型企业梯队培育行动方案》，基本形成了科技型企业的梯次培育机制；引导企业开发各类科技项目近 200 项，立项资金 1.04 亿元，其中，获得省级科技重大项目专项 6 个，占全省总数的 50%。

（3）自主创新技术与标准结合。自主创新技术与标准结合，可以固定一批科技创新成果，加速科技成果转化进程，增强企业核心竞争力，带动整个产业迅猛发展。作为全国第十个国家级高新技术标准化示范区，也是全国唯一“产业集群标准化示范基地”，高新区形成并确立了“企业为主，政府推动，产业联动，分类指导”的示范基地建设工作模式，同时也是园区自主创新与标准结合的工作模式。一是引导企业建立自主创新与技术标准研制协同推进机制。为在高新区构建自主创新的良好环境，鼓励企业自主创新，推进企业将具有自主知识产权的核心技术向标准转化，形成一批具有自主知识产权的先进标准。二是推动企业通过联盟协作促进标准创新。以企业为主体的联盟制定技术标准，面向潜在的市场，制定的标准具有市场适应性，各方广泛参与、协商一致、透明公正，满足参与各方的利益和要求。三是提供标准化工作人才保障。高新区建立了一套完整的标准化人员培训机制平台，累计培训 200 家企业 500 多人次；鼓励政府管理人员、企业标准化人员开展标准化活动，有 28 人在国内标准化组织分别担任主任、副主任、委员等职务，提升了高新区企业在国际标准化活动中的话语权；有 24 名院士、600 多名博士、4000 多名硕士在高新区从事创新活动，5 人入选中国“千人计划”，60 个工程技术（实验）中心，组成了高新区标准化创新的中坚力量。四是搭建企业参与标准化交流平台。为进一步拓展企业参与各项标准化工作渠道，帮助企业活动相关信息，示范基地为企业参与标准制（修）订和参加标准化活动等方面开展合作，搭建有效沟通交流平台。如邀请中国标准化研究院、中国标准化协会领导举办“提升标准化活动意识，提高参与国内外标准化活动能力”专题报告；邀请深圳标准化研究院领导、上海日用一友捷公司、江西华电电力有限公司老总与高新区企业面对面沟通交流；举办“卓越绩效评价标准、国际标准化综合知识培训班和 ISO IT 工具使用”系列标准宣贯会；编制《企业标准化工作指南》《标准化与企业创新和发展》等宣传期刊，帮助企业开拓信息渠道，有效地提升了企业标准化交流的能力。五是鼓励建立企业标准体系。在企业通过 ISO 9000 质量认证体系的基础上，择优选择 9 家企业开展国家和省级“标准化良好行为创建活动”试点。试点企业结合企业实际，建立健全以技术标准为助推，包括管理标准和工作标准在内的企业标准体系，并进行有效实施和运行。每项标准都具有专利技术或软件著作权作为技术支撑，其中 45 项重点技术产品通过了省、市高校技术成果转化项目认定。其中不少具有国内、国际先进水平，如由江风益教授率领的研发团队攻克了 LED 核心设备 MOCVD 制造过程中的反应管难关，取得重大突破。第一台由中国人研发制造的 MOCVD 在南昌诞生，而南昌黄绿照明公司也成为全球第三家能够独立研发制造 MOCVD 的企业。南昌弘益药业公司研发的抗艾滋病新药“抗 HIV 感染的天然药物 ACA”已列入“十一五”国家“863”计划和江西省重大科技创新项目，并荣获国际发明专利，其独立研发的“促胃肠动力中药新药——达立通颗粒”获得江西省唯一的技术发明奖。凭借“全自动血细胞成套分析技术及设备的研发”，江西特康科技有限公司周洪华教授领衔的团队夺得国家科技进步二等奖。特康科技自主研发制造的全自动血细胞分析仪，填补了国内空白，打破了国外技术封锁和市场垄断。晶能光电拥有的硅衬底氮化镓基 LED 材料与器件技术是一种改写半导体照明历史的颠覆性新技术，具有原创技术产权，是国际上氮化镓领域第三条半导体照明技术路线，已获得或者公开国际国内发明专利 70 项。该企业将创新技术与标准结合，带动高新区 30 多家 LED 企业及相关配套企业发展，建立了从 LED 硅衬底材料生产、专用切割刀具，到外延片、芯片制造，器件封装，再到 LED 显示屏、手机背光源及照明等方面应用的齐全的 LED 产业链。

（四）智力开发工作

（1）智力密集。据 2012 年南昌市人才普查结果显示，南昌地区共有各类人才 57.76 万人，全市人才资源总量及增长速度、人才密度居全省首位，居中部地区省会城市前列。南昌高新区目前拥有 2000 多名硕士，200 多名博士，200 余名归国留学人员以及 4.4 万名各类人才。高新区内毗邻瑶湖的昌东高校园区已建成 8 所高等院校，区内昌东高校园区各类院校开设了近 200 个专业学科，拥有 20 万大学师生，每年可培养、输送近 6 万名专业技术人员，是唯一被科技部、教育部批准为“高校学生科技创业实习基地”的国家高新区。截至 2020 年，引进和培养了国内外顶尖人才 23 人，国家级人才 44 人，省级人才 56 人，市级人才 164 人，各类技能人才 13 万人，高新区已成为省市高层次人才的重要汇聚区域。

（2）引进人才政策。高新区管委会根据南昌市政府授予的市级人事劳动管理权限，免费为园区内企业提供人才推荐、劳动用工、外来人员务工、劳动合同鉴证等人事劳动管理服务。高新区人才中心对园区内软件企业人事代理或员工挂编减半收取人事代理费或挂编费。对园区内企业急需引进的人才以及受聘期间做出显著成绩的外地科技人员、管理人员，其本人及配偶、子女优先办理户口迁入市区或农村户口转为城市户口有关手续，其中具有高级职称或取得硕士以上学位人员，其本人及父母、配偶、子女免缴城市增容费。对园区内企业急需引进的高等院校应届本科（含）以上相关专业和紧缺专业的毕业生，按规定程序报南昌市政府批准，优先办理毕业生接收及户口落户手续。园区内企业所聘的专业技术人员、管理人员，经高新区相应系列职称评审委员会评审和高新区职改领导小组批准，可办理专业技术职务任职资格的晋升。

（五）优惠政策和措施

（1）出台和完善有关科技发展法规与政策。南昌国家高新区是江西省科技经济特区，享有国家赋予的一系列财税优惠政策，并建立了一级财政独立金库，使进区企业享受的优惠政策得以真正落实。为将高新区的管理与发展纳入法治化轨道，使高新区指导方针、管理体制、创新机制、高新技术产业化政策得到充分的法律保障，省人大已出台《南昌高新技术产业开发区条例》。为提高企业持续创新能力，南昌高新区成立了推进科技创新专门组织，拨出专款为科技创新提供必要的资金保障，围绕增加政府科技投入力度，建立了高新区科技投入政策体系和强有力的扶持措施。“十一五”时期以来，先后出台和完善了有关科技发展法规与政策，如《南昌高新区支持科技人员技术创新奖励办法》《南昌高新区扶持发展知识产权奖励办法》《南昌高新区知识产权试点企业认定办法》《南昌高新区实施标准化战略专项资金管理办法》《南昌高新区科技型中小企业技术创新基金项目管理暂行办法》等政策；编制了半导体照明、光伏、航空制造、生物医药、新材料、电子信息等产业发展规划。2011 年 12 月，高新区在南昌市出台的《南昌市促进科技和金融结合试点实施方案》《南昌市人民政府关于促进企业上市工作的意见》《中共南昌市委、南昌市人民政府关于建设创新型城市增强自主创新能力的意见》等一系列文件基础上发布《南昌高新区促进投融资服务体系建设若干扶持政策（试行)》。2020 年以来，高新区出台了《南昌高新区促进科技创新发展若干措施的通知》《南昌高新区促进产业高质量发展若干政策》《南昌高新区新增规模以上工业企业扶持政策措施 10 条》等。

（2）搭建政银企融资对接合作平台。主要的措施有：

第一，为疏通企业资金难的瓶颈，先后设立“江西省高技术产业投资股份公司”“南昌市创业投资有限责任公司”“南昌高新科技创业投资有限公司”；与省、市担保公司的联动，高新区出资 2000 万元资本金，作为江西省信用担保公司的股东，启动高新区企业融资担保。

第二，鼓励企业利用各类金融工具，拓宽融资渠道，采用发行信托计划、短期融资券、中期票据、中小企业集合票据、企业债券，采取融资租赁、股权融资、票据融资等方式筹措发展所需资金。农行江西省分行针对晶能光电（江西）有限公司采取专利权质押方式向该企业发放贷款 4000 万元；中行江西省分行利用江西 3L 医用制品集团有限公司拥有的商标权作质押，向该企业发放贷款 1000 万元；南昌银行通过知识产权抵押方式向恒大高新发放 500 万元贷款，开创了江西省知识产权抵押贷款业务的先例。2021 年 6 月，高新区银企对接会上，与江西联合股权交易中心举行了合作协议现场签约，农业银行、工商银行、交通银行、天风证券等多家银行和券商分别与中田现代农业科技有限公司、嘉锐工贸有限公司、江西赣锋锂业股份有限公司、新余添翼新能源科技有限公司等多家企业举行了融资授信集中签约和股改签约，融资授信总额度高达 27 亿元。

（3）多渠道加大对科技创新和科技进步的支持力度，创新科技型企业融资方式。主要的措施有：

第一，启动“新三板”（股份代办转让系统）试点园区工作。进一步加大了南昌高新区“新三板”试点园区的申报工作力度。一是制定了推进南昌高新区申报“新三板”试点园区实施方案，成立了推进南昌高新区申报“新三板”试点园区工作领导小组。二是建立“新三板”企业数据库。中国证监会有关拟挂牌“新三板”企业的基本条件和规定，高新区储备了50家拟上“新三板”资源企业，已有5家企业完成股改，14家企业签约启动股改。三是积极做好与中国证监会、科技部、证券业协会等各部门、单位的沟通，及时掌握“新三板”试点的最新进展。2011年5月初，南昌市正式向中国证监会提交将南昌高新区列入国家代办股份转让试点园区的申请。

第二，搭建知识产权质押融资服务平台。推进知识产权质押融资试点工作，2011年通过融资平台联创光电向招商银行省分行申请了1600万元贷款。已获贷款的恒大高新、晶能光电等企业通过平台推荐申报了科技贷款贴息项目。

第三，成立南昌市科技担保有限责任公司。2011年，南昌市政府出资2000万元吸引民间资本3000万元成立南昌市科技担保有限责任公司。公司主要进行融资性担保、履约担保、诉讼保全担保业务以及与担保有关的融资性咨询、财务顾问等中介服务业务。

第四，推动科技保险事业发展。一是设立市科技保险专项补助资金。明确2010年从市技术研究与开发资金中安排200万元；从2011年起，每年安排300万元，用于支持科技型企业参加科技保险的保费补助资金。二是确定了保费补助对象。明确必须是在南昌市行政区内登记注册并落户，且研发的技术和生产的产品符合国家重点支持的八大高新技术领域的科技型企业以及科研团队等已经发生科技保险保费的投保单位。三是推出科技保险险种。按照科技部和中国银保监会的要求，首批启动科技保险的险种主要有企业财险、责任保险、信用保证保险、人身险等4大类16个险种。四是确定了保费补助标准。明确对参加科技保险的科技型企业，投保财险类和责任保险类的最高按其实际保费支出的50%给予一次性补助，投保信用保证保险类最高按其实际保费支出的40%给予一次性补助，投保人身险类的最高按其实际保费支出的30%给予一次性补助。每家企业每年最高补助标准不超过30万元。五是积极引入更多保险机构及中介机构加入服务平台。2011年8月，引入海峡联合保险经纪有限责任公司成为新成员与中银保险有限公司沟通合作事宜。新成员的引入提升了平台在风险管理、保险方案设计、保险理赔等方面能力。不断创新科技保险产品，通过与驻昌保险公司、中介机构的沟通增加国内贸易信用保险，进一步丰富科技保险产品。

第五，组建产业发展引导基金。市政府出资 10 亿元设立产业发展引导基金，遵循政府引导、社会参与、专业化管理、市场化运作的原则，加大南昌市基金业发展政策宣传，鼓励各类社会资本在依法设立股权私募基金，助推产业发展和企业上市。结合南昌新兴战略性产业、传统优势产业的现状，设立若干个子基金，促进全市产业加快发展。2011 年，全市新设立股权投资基金公司 4 家，分别为江西新兴产业投资基金、江西立达新材料产业创业投资中心（有限合伙）、江西鹰君新能源产业创业投资中心（有限合伙）和江西建信金牛新兴产业投资基金（有限合伙），基金规模分别为 1.5 亿元、2.8 亿元、1 亿元和 5 亿元人民币。

（4）其他优惠措施。经认定的高新技术企业所得税税率减按 15% 征收。新办的高新技术企业前 2 年免征。对于生产性外商投资企业，生产经营期在 10 年以上，可从获利年度起，2 年内免征企业所得税，第 3 年至第 5 年减半征收所得税；先进技术型企业再延续 3 年按 10% 的税率征收所得税。经海关批准，可以在南昌高新区设立保税仓库、保税工厂。凡通过高新区管委会申报获得国家和省级科技创新基金资助的项目，地方再给予 50% 的配套资助。对具有发展前景的中小型科技型企业，高新区管委会可帮助其获得区内风险投资公司的支持。留学生在高新区内创办的企业，高新区管委会 2 年内无偿提供 50 ~ 100 平方米的办公场地。经认定的软件企业，自获利年度起，所得税前 2 年免征，第 3 年至第 5 年减半征收。软件企业销售自行开发的软件产品，按 17% 的法定税率征收增值税后，对于实际税赋超过 3% 的部分即征即退。凡在进区后 1 年内竣工的生产型项目，免缴项目建设规费。对投资额度较大或科技含量较高的项目，采取项目跟着项目走，“一企一策”的模式，为企业量身定做最优的政策方案。土地优惠方面，园区内土地地价在高新区土地开发成本的基础上按优惠价收取土地使用出让金。产业功能区用地按 12 万 ~ 15 万元/亩特别优惠价收取土地出让金；居住功能区按 30 万 ~ 40 万元/亩的优惠价计收土地出让金；服务功能区按 40 万 ~ 50 万元/亩的优惠价计收土地出让金（以上均含土地出让规费，不含契税）。土地使用权期限按国家有关政策执行。

三、小结

高新区创新能力不同于单个企业的创新能力，而是突出地表现为通过企业、大学、科研机构、中介机构、金融机构和政府等创新行为主体对人才、资金、技术、信息、物质等创新资源创造性集成，强调域内创新主体的集体效率和创新的协同作用。因此，要求政府在制定政策规划时应该有通盘考虑和设计，进行制度和组织创新，加大创新投入，树立创新意识、创新观念；培养创新人才；打造社会创新平台，构建组织完善、范围广泛且运行高效的创新网络。第一，高新区创新能力是一个综合性的能力系统，在创新初期，可以通过能力要素进行效率排序，寻找最关键的能力要素和相对次要的能力要素，并在资源配置方面以此为据。到高新区“二次创业”时期，要提升高新区整体的创新能力，并不是寻找哪个最关键的能力要素，哪个相对次要的能力要素，而是针对高新区创新能力系统的环节特点，找到最薄弱的要素，采取有效对策，消除“短板效应”。第二，增强高新区创新能力，提高创新效率，必须在企业、政府、大学和科研机构、中介机构、金融机构等各创新行为主体相互磨合，有效互动。第三，环境支撑能力是基础能力，是高新区创新能力形成的驱动器，在培育和构建高新区创新能力时，绝不可忽视创新环境的培育。要注意创造和培育有利于创新的社会文化氛围和高新技术企业发展的政策环境、制度环境、市场环境以及健全的法律服务体系等，为高新技术产业发展创造优良的环境和条件。

第五篇　提升欠发达地区创新能力的政策与机制

运用前面的成果，结合欠发达地区区域创新的建设现状和制约因素，提出了建立健全欠发达地区区域投入稳定增长、提高创新产出效率，可持续地提升和强化欠发达地区区域创新能力的机制和政策建议，包括科技投入稳定增长的法律保障机制，优化财政科技的投入结构，建立多元化的科技投入体系，建立严格的创新投入管理制度，建立和完善投入责任制，通过加大转移支付、拓宽融资渠道与严格创新投入管理制度并举，建立健全区域创新投入体系，不断提高科技创新投入水平。为欠发达地区创新建设及其实现可持续发展提供决策参考和方法支持。

第九章　建立健全创新投入的长效机制

一、创新投入体系建设

基于实证分析的结果，欠发达地区存在创新投入严重不足和金融行业对创新缺乏有效性支持问题。由于创新活动本质上是一种经济活动，离不开资金的持续投入支持。因此，加大科技创新投入力度，提高单位 GDP 的创新投入强度，是提高区域创新能力首先要解决好的问题，是区域创新能力培育的重要基础，也是衡量一个国家或地区创新能力高低的重要标尺。欠发达地区各省缺少民间和海外资本的广泛参与，缺乏相对完善的风险投资进退出机制。因此，建立健全欠发达地区区域科技投入稳定增长法律保障机制，优化财政科技的投入结构，建立多元化的科技投入体系，建立严格的创新投入管理制度，建立和完善投入责任制，通过加大转移支付、拓宽融资渠道与严格创新投入管理制度并举，建立健全区域创新投入体系，提高科技创新投入水平，可持续强化欠发达地区区域创新能力。

（一）建立健全区域科技投入稳定增长法律保障机制

（1）政策确保加大政府科技投入。加大科技创新投入力度，是新知识产生的重要保证。创新投入作为重要的公共战略性投资，是区域创新能力培育的重要基础，也是衡量一个国家或地区创新能力高低的重要标尺。因此，用法律法规的形式，确保财政投入的稳定增长，明确政府财政科技投入的比例、结构、方向、管理办法，逐步规范政府科技投入行为，通过法律形式建立财政性科技投入稳定增长的机制，保证科技经费的增长幅度明显高于财政经常性收入的增长幅度，逐步提高财政性科技投入占 GDP 的比例。

（2）形成多元化、多渠道、高效率科技投入体系。政府投入要形成调动全社会科技资源配置的能力，形成多元化、多渠道、高效率的科技投入体系。包括预算编制和预算执行，都要体现法定增长的要求。可以考虑在省财政安排科技三项经费基数上，每年按不低于10%的比例增长。要求各市、县都要大幅度增加科技投入，条件好的地区甚至可以考虑比例更高的财政预算支出，其他地区坚持当年财政预算支出增长10%的底线。

（二）优化财政科技的投入结构

（1）科技专项资金纳入年度财政预算。欠发达地区的财政科技投入，需将重大科技项目、高新技术的研发与市场化、科技基础平台建设等方面的科技专项资金纳入年度财政预算。重点支持高新技术、前沿技术、重大专项、产业发展技术瓶颈等研究。逐步弱化对单个企业的支持，重点研究和开发制约产业发展的共性技术和关键技术。强化政府对高新技术企业和出口创汇产业的扶持力度，支持具有自主知识产权、具有独创性技术和市场前景良好的科技项目市场化。解决产业发展技术瓶颈，运用高新技术和先进适用技术来提升传统制造产业，推动产业技术层次的转型升级。

（2）建立兼顾各地实际的基本科技投入和专项科技投入稳定增长机制。要充分体现财政支出的公共性质，财政支出的公共性质，不光考虑支出的直接经济效益，还要考虑基础研究、社会公益研究以及科技基础条件平台建设和科学技术普及的潜在的基础性作用。这种基础性作用可以实现创新的持续、稳定发展。因此，需要加强和重视公益性行业科研能力建设，建立对公益性行业科研的稳定支持机制。

（三）建立多元化的科技投入体系

（1）建立健全多元化、多渠道创新投融资体系。在创新投入方面，政府不是唯一的受益者和投入者。就公共开支而言，投资科学技术领域的回报非常高。因此，要充分发挥政府的引导作用，运用法律、经济、行政等间接手段，鼓励和引导社会资金投向科技创新和创意，建立健全多元化、多渠道的创新投融资体系，使全社会投入水平同建设创新型社会的要求相适应。

建立科技风险投资引导基金，引导和扶持企业、科研机构、个人和金融机构等社会力量对科技研发的投入，引导社会资金顺利进入科技投资领域，促进社会科技风险投资事业良好发展。

要充分发挥政府引导作用。一方面，政府需要做好表率，对于风险较高的，尚难通过市场化行为进行分流的，政府可以以贴息、风险保证等方式，扶持企业科技和创意成果产业化项目；另一方面，引导各类金融机构积极支持企业特别是创新型中小企业的创新。政府可以设立财政专项资金，鼓励和引导中小企业信用担保机构积极为创新型中小企业提供融资担保。企业可以采取知识产权抵押融资方式，获取金融支持，推动创新创业。

（2）通过多种政策调节措施，充分调动企业积极性，引导企业加大科技研发投入。企业作为创新主体，对加大科技研发投入重要性的理解感同身受。好的政策需要切实可行、有针对性和可操作性，确保优惠政策落实到位。切实可行、有针对性和可操作性的执行包括：针对标准混乱、身份不明、优惠错配情况，要严格高新技术企业技术开发投入标准，对高新技术企业认定和复检实行技术开发投入一票否决制；对于确实对地方财政贡献大，其技术开发费达到销售收入3%以上的企业，政府可用相关财政专项资金支持其技术开发活动；国有及国有控股企业技术开发费用达销售收入15%且比上年增长10%以上的，其当年技术开发实际支出额考核时可视同利润，从而提高企业创新投入的积极性；对创意企业，也应建立鼓励其科技投入和知识投入的主动性、积极性和创造性；注意用投入方式引导企业加强科技成果和知识创意成果的知识产权保护。

（3）加快发展创业风险投资机制。通过政策规范、制度创新以及环境改善，形成以市场建设为核心、以民间资本为主体的鼓励风险投资的风险投资机制，大力发展创业风险投资事业，壮大风险资本规模。

大力吸引海内外风险投资。海内外风险投资具有丰富的专业经验和明锐的市场经营能力，鼓励海内外投资机构、保险公司、证券公司在欠发达地区建立风险投资机构，其创业风险投资业务范围可以考虑与国际规定接轨。在发展的初期阶段，可以考虑对主要投资于创业风险投资的海内外风投，实行投资收益税收减免，或投资额按比例抵扣应纳税所得额等税收优惠政策，鼓励其开展业务。帮助风险投资，增强创业风险投资风险承担能力，建立多层次风险分担机制。

加快发展创业风险投资机制，还应考虑建立支持自主创新的多层次资本市场，包括：优先支持有条件的创新型企业在国内主板和创业板上市；支持省产权交易所开展创新型企业产权交易业务；拓宽创业风险投资退出渠道；支持符合条件的创新型企业发行公司债券；鼓励社会资金捐赠创新活动。

（4）强化人力资本投资意识，在非普及教育方面让受教育者成为投资主体。经济发展的关键是增加人力资本投资。人力资本投资的途径可以通过普及教育、职业教育、短期培训或各种形式的教育来进行。人力资本的发展受益者当中有社会，但直接的受益者是人力资本的依托个体。因此，可以通过深化教育体制改革，理顺教育投资的成本—收益关系，改变政府完全控制教育的局面，鼓励教育供给多元化和市场化，在非普及教育方面让受教育者成为投资主体。

（四）建立严格的创新投入管理制度，建立和完善投入责任制

加强宏观发展战略研究和预测工作，充分发挥决策咨询机构的作用。加强政府统筹规划，减少项目投入的重复交叉。对重大、重点项目实行决策、管理和评价相对独立，建立健全竞争、监督和制约机制，积极推进项目招投标制度，提高创新经费使用效率。严格的创新投入管理制和责任制，有助于财政创新投入的社会效益或市场效益最大化。改革和强化科研经费管理，建立财政经费的绩效评价体系，明确设立政府创新计划和应用型项目的绩效目标，建立面向结果的追踪问效机制。

二、创新人才资源开发体系建设

实证分析发现：欠发达地区的高层次人才，尤其是国家级、世界级的人才缺乏，现有专业人才队伍的总体素质有待提高。人才是知识的载体，是重要的创新源和创新生产力要素之一。因此，进一步完善人才环境、人文环境和创新创业环境，切实培养人才、吸引人才、用好人才，是区域创新发展的关键。这意味着欠发达地区要加快创新人才资源的开发。欠发达地区可以依据中共中央、国务院《关于实施科技规划纲要，增强自主创新能力的决定》，制定切合本区域实际的省域中长期科学和技术发展规划。从现代区域创新建设和发展来看，支撑区域创新发展的人力资源不仅是科技创新人才，还应包括创意人才、知识产权人才。因此，应在现行的政策框架内，将对象范围由科技创新人才，拓宽为涵盖科技、创意、知识产权人才，即创新型人才。

（一）健全人才市场体系，充分发挥市场机制在人才资源配置中的决定性作用

（1）健全人才市场体系。建设高水平、高效率的人才市场，推动人才资源的培养、配置和使用全面市场化，努力形成法制统一、监管有力、主体独立、行业自律的人才市场服务格局。加大人才中介机构向市场竞争主

体的转变，实现公共服务职能与市场服务职能的分离，实现政府从“办市场”“管市场”向“服务市场”的转变。注重在市场的挑选面前人人机会均等。在市场配置人才资源过程中，坚持能力和业绩导向，消除性别、年龄、身份、学历以及城乡差别歧视。突破人才信息部门的障碍，整合各种信息资源，建立覆盖全社会的人才基础信息库和分行业、分领域建立领军人才、重要人才、海外留学人才和海外专家等人才分类信息库。完善人才信息的区域国际共享交流机制。放开市场机制，确立人才市场在人才资源开发中的主导地位。不仅要将技术技能型人才、普通专业人才、高级专业人才的招聘与选拔纳入人才市场渠道，企业家、管理人才以及党的组织部门管理人才的选拔也应纳入市场化体制，使人们通过市场招聘走上适当工作岗位。

（2）由市场配置人才资源。激活市场机制，不仅要构建人才市场，而且要尊重人才市场，在使用中去实现它的功能的完善。形成用人单位发挥主体作用的市场导向。人才需求的变化，取决于市场供需的变化。开发人才资源，必须遵循市场经济规律，正确把握组织配置与市场配置的关系，加强企业研究开发机构的建设，鼓励企业增加对人才的投入，让企业成为技术创新的主体，调整和解决人才供需矛盾。打通筛选机制，即人才有进有出，用人单位对不合格者有权辞退。只能进不能出的现象，不是市场配置人才资源的机制。筛选机制的构建需要相应的市场规则配套，既要规定招聘单位的用人标准、待遇及职责，同时也要确定其辞退标准和权利。

（二）健全人才资源开发利用公共服务体系，提高人才资源开发利用效率

（1）建设适应国际化、市场化的人力资源服务体系。在现有人才管理体制和分布格局下，允许人才在区域之间、单位之间的柔性流动，“不求拥有，但求所用”，是提高人才资源利用效率的一条重要途径。因此，要打破行业、部门、地域和所有制界限，打破人才流动的体制障碍，既激活现有人才存量，又在一定程度上弥补现有人才分布不均、供求失衡的缺陷，而实现人才资源共享。可以在完成本职工作、不损害国家和单位合法权益的前提下，允许企事业单位高级人才为两个或两个以上单位共有，放开人才兼职兼薪；也可实行“临时工程师”和“星期日工程师”等办法，其工作成果按人才与用人单位签订协议和国家有关规定，分别为人才个人拥有、用人单位拥有或双方共同拥有。

（2）改变人力资源市场服务模式。政府要适应人力资源能力建设需要，

积极转变职能，从政府“办市场”逐步转变为“引导、服务市场”。要加速构建人力资源能力建设服务体系。实现人力资源信息的科学采集，实现三级公务网站与人力资源政务信息网络的互联互通。完善人才信息发布机，定期向海内外公布《人才开发目录》、各行业人力资源需求及高层岗位招聘信息，及时公布高校毕业生就业率及其就业分布，并适时发布市场工资指导线、不同职业的收入变化趋势以及主要行业供求信息等，在全省形成统一开放、多元有序、信息共享的人才资源市场体系；通过国际、国内的广泛合作，实现人力资源市场信息共享，建立广泛的跨区域人力资源信息服务体系。

（3）充分利用产学研平台，构建高校与企业间合作机制。政府可出台相关政策，构建高校和企业之间互信合作的渠道，高校和职业学校利用教学和科研条件，为企业定向培养技术人才和经营管理人才，解决人才匮乏的问题；企业为高校和职业学校提供实习实训服务基地和试验基地。

（三）健全人才资源开发利用保障体系，强化人才资源开发利用的社会保障

（1）实行人才资源开发的适度超前投资战略。树立人才资源开发投入是收益的投入的观念，把对人才的投资作为经济和社会发展的基础建设来抓，优先安排增加教育经费，保证教育经费投入的增长，探索建立以政府投资为主，社会、单位、个人等主体共同参与的投资办学机制和继续教育投入机制。加大政府对教育的投入，支持山区和贫困地区发展教育事业。建立农村人才开发基金，支持农村人才的继续教育，确保农村人才队伍的相对稳定。

（2）完善社会保障体系。加快建立柔性流动人才社会保障制度、从业人员最低生活保障制度、企业经营管理人员风险保障制度以及高级优秀人才补充养老保险、医疗保险和医疗保健制度，逐步建立统一的社会保障体系。通过完善法制，加强对人才基本权利的保护，建立人事争议仲裁制度，完善有关法律法规，切实保障和维护人才与用人单位的合法权益。

（四）根据人才资源市场化配置的需要，健全社会化的人才评价体系

（1）健全符合科技人才规律的多元化考核评价体系。按照社会化、科学化和产业化的要求，以及能力和业绩为导向的人才评价机制原则，注重

通过实践检验人才，克服重学历、资历，轻能力、业绩的倾向，做到以素质论高低，以能力比强弱，以业绩定优劣。结合国外现代人才测评技术，积极探索各类人才相应的评价主体、准确的评价指标、有效的评价方法，不断提高人才评价的科学性和合理性。

（2）实现人才评价与国际市场接轨。适应人才资源市场化配置对人才价值确认的需要，按照人才考核、评估、审计，大力发展各类人才评估机构，加强对人才社会评价机构和人员的资质管理，为人才市场价格的确认提供参考。加强与国际人才评价中介服务机构的合作，逐步实现人才评价与国际市场接轨。

（五）强化“争夺人才”意识，广泛引进国内外高层次人才

（1）吸引海内外高层次人才和智力。人力资源是可无限开发的再生资源，人力资本具有边际效益递增特性，是人类所有资源中最宝贵和最有决定意义的资源。采取有效途径，广泛吸引海内外高层次的人才和智力到欠发达地区落户。通过项目吸引人，通过良好的创业园平台吸引人。组织相关机构，带着项目、职位，有针对性地组团赴我国留学人员相对集中的国家开展招聘活动。可以按照国际上通行的开发留学人员资源的做法，办好“归国留学人员创业园”，吸引有信息、有项目的留学人员创办企业，政府则提供相关的资金和人员。

（2）重点吸引对经济发展有巨大推动作用的引智项目和关键人才。引进一个关键带头人，不仅引进了他的智慧和成果，而且引进了他在业界的影响和众多的追随者，随着时间的推移，并假以适当条件，就会自然而然地形成一个以其为中心的优秀团队。在此过程中，高素质人才所起的作用绝不是简单的算术累加，而应是乘数效应。重点吸引具有国际领先水平，能拉动高新技术产业升级和促进成果转化，对区域经济发展有巨大推动作用的引智项目。重点引进高级工程技术人才、高级经营管理人才，拥有国际先进技术水平专业技术人才。

（六）加强高层次创新人才队伍建设，加大领军人才开发力度

（1）培养国内一流科学家、学术大师、优秀企业家。把高层次人才队伍建设摆上重要位置，抓紧制定高层次人才开发规划，针对不同特点，实行分类培养。在科技领域，实施诸如“领军人才建设工程”“百千万人才工程”“创新人才培养工程”等，培养国内一流科学家、学术大师、优秀企业家。

（2）打造具有地方特色的优秀创新群体和创新团队。打造人才高地，以人才、基地、项目相结合的方式，发挥创新型领军人物的核心作用，争取在基础研究、高技术研究、社会公益研究等若干关系区域竞争力的科技领域，培养造就一批创新能力强的高水平学科带头人，形成一批具有地方特色的优秀创新群体和创新团队。

（3）为领军人才提供事业发展平台。推行关键岗位和创新型项目负责人面向国内外公开招聘制度。积极尝试因人设岗、因人设事的新模式。试行首席科学家制度。设立领军人才专项扶持资金；建立领军人才政府投保制度；为领军人才提供全方位、个性化的服务，使领军人才有用武之地，无后顾之忧。

（4）完善人才激励机制，充分发挥创新型人才的创造潜力。建立健全要素参与分配的激励机制，推行骨干技术人员年薪制。支持企业对关键技术和创意知识骨干实施期权激励政策。改革和完善创新型奖励制度，从项目奖励为主逐步转向项目奖励和人员奖励并重，适当增加政府奖励数目和奖金额度。

（七）健全人才开发利用法规政策体系，运用法律手段促进人力资源开发利用

人才政策法规体系的建立是构建欠发达地区人才资源开发体系中带有根本性的制度化保障措施。应当加快研究制定和完善与人才资源开发的配套政策法规、人才分类管理体制及运行机制的政策法规、人才市场体系的政策法规、人才开发与利用的政策法规、高层次适用型人才引进的政策法规、人才继续教育培养的政策法规、人才评价激励分配的政策法规、人才的社会保障政策法规、对人才政策执行情况进行监督的政策法规等。

三、创新创业环境建设

实证研究表明，创新创业水平每增长1%，创新能力提升0.201%左右；基础设施每增长1%，创新能力提升0.137%左右。因此，在资源约束的现实情况下，大力发展具有较强拉动作用的创新创业水平和基础设施建设，营造良好的创业投资环境，可以提高有限资源利用效率，提高创新效率。同时，基于金融环境是创新活动中非常重要的支持产业，创新活动的可持续发展离不开金融环境的支持。因此，有必要建设支持创新的良好金融环

境，通过对创新的良好保护和刺激，来支持创新的发展。有必要加强区域创新成果转化服务体系，降低交易成本和机会成本，实现创新成果经济价值。

（一）营造良好的创业投资氛围，大力推进全民创业

（1）理解与支持创业投资。一方面，欠发达地区大量闲置资金正在寻求保值增值渠道；另一方面，受全球经济困顿的影响以及对于创业投资这种投资渠道的认识不到位，对于这样一种具有高风险的投资方式人们有一种恐惧心理，惧怕其高的不确定性。这使得民营资本在支持自主创新发展方面受到很大阻碍。需要从思想认识上提高人们对创业投资的理解与支持。在今后的创业投资过程中，政府要加大对创业投资理念、运行机制和行业规范的宣传，培养人们的风险意识，提高其参与创业投资的积极性。

（2）实施“全民创业”。“全民创业”是从计划经济向市场经济转型过程中的重要举措，发达地区在发展过程当中先后都经历过类似热潮。这也是实现富民兴域宏伟目标的重要途径和重要支撑。实践证明，推动全民创业，是激发和释放人民群众巨大创业能量，增加有效投入，加快欠发达地区崛起的重要途径。“全民创业”要求进一步优化创业环境，营造良好的创新创业环境。引导全民创业，一方面，政府要做好相关服务，通过政策优惠、财税支持等搭建好创业平台，切实建设高效责任政府、塑造诚信创业；另一方面，要完善企业进入和退出机制，形成鼓励成功，允许失败的宽松环境，要努力破除进入壁垒，进一步降低创业门槛，打破地区和行业保护和封锁界限，除涉及国家核心机密或敏感领域的除外，都允许创业资本进入与退出。

（3）进一步放宽民营企业准入门槛，民营企业“非禁即入”。着力消除一切阻碍民营经济进入的隐性门槛。在准入条件上，按照“非禁即入”的原则，真正做到凡是国家法律、法规没有明令禁止的行业和领域，都可向民间资本全面开放；凡是对外商开放的投资领域，都可允许民间资本进入；凡是实行特殊优惠政策的领域，同样适用于进入该领域的民间资本。简化工商登记手续和条件，国家法律、法规规定以外的前置审批项目应一律废止。进一步放宽登记条件。鼓励支持各类经营管理人才、科技人才、大中专毕业生、复员转业军人，下岗失业人员、农民工自主创业，外出务工经商人员返乡创业，激发全民创业的热情，营造全民创业的氛围。简化审批手续，在项目审批、土地征用、城建规划、企业设立等方面对民营经济做

到一视同仁。

（4）加强基础设施建设，改善创业投资环境。政府通过直接投资、政策调整、税收优惠等途径引导投资主体增加在基础设施方面的投入。鼓励企业参与基础设施建设，国家应该重点投资在信息技术的基础研究领域，包括计算机技术、通信技术、控制技术、网络技术、存储技术等一大批具有自主知识产权的信息技术，使区域创新交流以及技术转移获得更大的发展空间。

（二）建设支持创新的良好金融环境

欠发达地区创业投资经过几年的磨炼和发展，取得了一定的发展效果。但由于缺乏一个完整的体系，使得投资盲目，短期行为严重，不仅未脱离国资背景和政府框架范围，而且至今也未能与科技创新企业、科研院所形成一种互动互进的良好关系。在当前发展的关键阶段，要构建一个完整的创业投资体系，可以从创业投资的环境建设、筹资、投资、退出等方面构建。

（1）拓宽创业投资的融资渠道。在发达国家，创业资金来源于养老金，保险公司、捐赠基金、外国投资者、个人投资者等。多元化的资金来源推动了发达国家创业投资的快速发展。而欠发达地区目前创业投资过多地依赖政府和国企，资本来源单一，金融机构及个人提供的资金不够，外资引进规模也非常小。创业投资资本来源过于单一，极大地限制着创业资本的发展规模。

在创业投资发展过程中，要克服地理位置、经济因素等方面对江西发展创业投资带来的障碍。政府要鼓励组建民营基金，设计合理的基金规模，对于成立时间较早、基础条件较好、经验丰富的创业投资机构可采取渐进式发展策略，逐步扩大基金运作规模，提高其运作的规模效益；建设域外资本、海外资本进入本区域创业投资领域的渠道，通过引进域外资本和海外资本，组建合资合作的创业投资企业，吸取发达地区以及国外成熟的创业投资管理理念、管理经验和技术，借鉴其对风险的识别与分析能力，吸引国内外专业化的投资人才。

（2）改善民营企业融资环境。进一步完善中小企业融资和信用担保体系，努力破解民营中小企业融资难的问题。坚持政府推动与市场化运作相结合，鼓励支持民营企业、社会自然人出资创办信用担保机构。建议省财政每年拿出一定财力，用于增加省中小企业信用担保基金规模。探索建立再担保机构，完善中小企业再担保体系。充分发挥各类商会、专业协会的作用，建立中小企业互助基金会，为会员企业提供短期借贷或银行贷款担保。大力推动民营企业上市工作，鼓励和支持具备条件的民营企业特别是高科技企业进行股份制改造和通过发行企业债券、上市等方式进行融资。有关部门要把民营企业上市列入规划，积极提供咨询服务，帮助搞好规范管理，创造条件上市融资。政府有关部门要进一步加强银企关系协调，建立协调服务机制。

（3）建设多层次股权交易市场，疏通创业投资退出渠道。多层次资本市场是创业投资可持续发展的重要保障。首先，在欠发达地区创业投资中，要完善区域性的产权交易市场，积极进行业务创新，拓展服务领域，加强与其他省市产权交易市场之间的合作，扩大产权交易品种，放宽交易条件。其次，欠发达地区当前应该加大对中小企业的评估，鼓励符合条件的中小企业板、创业板正式启动后上市。最后，考虑建立场外市场，探索在条件符合的地区开展场外柜台交易，重点选择一些资本实力雄厚、信誉度高的证券公司开展场外柜台交易。

（4）建立省市创业投资引导基金，发挥政府引导作用。引导基金是由政府设立并按市场化方式运作的政策性基金，主要通过扶持创业投资企业发展，引导社会资金进入创业投资领域。国内外经验证明，在创业投资初期，政策性引导基金是解决企业和个人不愿意进入的创投领域的有效途径。2008 年 10 月 18 日，国务院转发国家发展改革委、财政部、商务部联合制定的《关于创业投资引导基金规范设立与运作的指导意见》，欠发达地区诸如江西制定的《江西省创业投资引导基金设立可行性方案》和《江西省创业投资引导基金管理暂行办法》，充分说明了政府在这方面的努力。在今后创业投资发展过程中，要合理设置基金的运行模式，坚持“参股而不控股，引导而不干预”的原则，不以营利为目的，保证市场化运作，设计合理基金规模，满足不同发展阶段创业企业需求。

（三）制定与实施知识产权战略

创新和技术扩散是一个两难问题。基于创新的高风险和较强的外部效应，一方面，要通过知识产权的制定和规范对创新进行引导，准许其获得高回报；另一方面，政府恰当地引导关键技术的扩散能够促进经济社会发展。因此，要注重创新和技术扩散之间的平衡。

知识产权制度是开发和利用知识资源的基本制度。知识产权制度通过合理确定人们对于知识及其他信息的权利，调整人们在创造、运用知识和信息过程中产生的利益关系，激励创新，推动经济发展和社会进步。知识产权日益成为区域发展的战略性资源和区域竞争力的核心要素，成为建设创新型区域的重要支撑。

1. 应制定“欠发达地区知识产权战略”

产权化的知识是一种重要财富和发展资源。通过知识加快经济和社会发展，已成为许多国家和区域的核心发展战略。知识产权往往与特定区域密切联系，比如，遗传资源、传统知识和民间文艺的知识产权，是一定区域长期自然演化和社会发展的产物。随着环境问题日益严峻，绿色要求也渗透于知识产权之中。欠发达地区中的重点开发区，诸如江西的鄱阳湖生态经济区，有丰富的生物多样性和传统知识等区域知识产权生态产业的资源，这种具有地域特色的，符合绿色以及独占性特征的遗传资源、传统知识和民间文艺的资源形成了经济区的核心竞争力、核心合作力和可持续发展的重要基础，容易开发和形成鄱阳湖生态经济区独具特色的知识产权产业集群。因此，应制定符合区域特色的欠发达地区知识产权战略，保护省域知识产权。

2. 健全知识产权保护体系

知识产权战略与科技创新，已成为国家和区域自主创新发展的最重要的两大支柱。版权战略则是江西省文化及创意产业发展的基石。

（1）抓紧制定欠发达地区专利促进条例。加强知识产权地方立法工作，抓紧制定欠发达地区专利促进条例实施细则和知识产权战略，健全知识产权保护体系。各级政府应当重视知识产权的创造和保护。通过建立知识产权领导小组及工作联席会议制度，在机构、人员、经费方面提供充足的支持，统筹协调相关工作；通过宣传教育、专利预警、维权援助等机制，提高全社会的维权和保护意识；针对知识产权的重点领域，加强自主知识产权和核心技术的保护，建立重点行业和产业知识产权保护联盟；培育和发展一批知识产权优势企业，开发具有自主知识产权的核心技术与配套技术，提高有效防范和突破技术壁垒能力，推动企业真正成为知识产权保护主体；大力发展知识产权中介服务机构，规范知识产权的保护；知识产权相关行政主管部门要加大知识产权执法力度，加强市场监督，依法治理盗版、侵权、制假贩假等违法行为；要充分考虑江西农村可产权化的传统知识和现代创新成果的丰富性，将区域农业、农村和农民的知识产权问题纳入知识产权范围，全面推动欠发达地区创新型区域的建设。

（2）实施技术标准战略。加强技术标准队伍建设，制定和完善技术标准相关法规。开展对主要贸易伙伴技术标准研究，建立出口贸易技术壁垒预警系统。加强科技创新与技术标准的紧密结合，提高技术标准水平。加强具有优势的重点领域技术标准研究，抢占技术标准制高点。以欠发达地区优势农产品及无公害、绿色食品、有机食品为重点，建立和完善农产品质量标准体系。进一步加强标准化工作支撑条件建设，开展技术标准的国际合作与交流。政府科技计划要支持重要技术标准的研究，引导产学研联合研制技术标准，促使标准与科研、开发、设计、制造相结合。政府主管部门加强对行业协会等制定重要技术标准的指导协调，在欠发达地区具有一定优势的领域，支持企业、社团自主制定和参与制定国际、国家和行业技术标准。加快国外先进标准向国内标准的转化。支持企业通过再创新，形成自主的技术标准。

（3）设立专利专项资金。要把知识产权工作纳入市、县（市、区）党政领导科技目标责任制的重要考核内容，将知识产权的数量和质量作为政府重大工程、重大产业科技攻关项目的立项要求和评估指标，将专利的形成、拥有及管理建设作为省级企业技术中心、省级重点实验室、省级工程技术（研究）中心、高新技术产品、高新技术企业、高新技术园区等设立、认定和评价的重要条件，将专利发明创造作为科研人员业绩考核和职称评定重要依据。

（4）掌握关键技术和重要产品自主知识产权。科技行政管理部门、综合经济部门会同有关部门，按照行业和领域特点，共同编制并定期发布应掌握自主知识产权的关键技术和重要产品目录，政府科技计划和建设投资应当对列入目录的技术和产品的研制予以重点支持。对开发目录中技术和产品的企业，在专利申请、标准制定、国际贸易和合作等方面予以支持，形成一批拥有自主知识产权、知名品牌和较强国际竞争力的优势企业。

（5）建立和完善支撑创意产业快速发展的版权战略。版权保护是创意产业生存和发展的基石。源于英国的“创意产业”被美国国际知识产权联盟称为“版权产业”，并将其划分为“核心版权产业、交叉版权产业、部分版权产业和边缘支撑产业”四个部分，世界知识产权组织也采用了这种划分方法。创意产业的竞争走势取决于版权保护的力度。版权制度完善、版权保护力度大的国家和地区，势必吸引更多的版权投资，版权资金的充裕则会壮大创意产业的规模，并提升创意产业的总体竞争力。要完善诸如版权登记资助等鼓励性政策措施，为创意产业版权保护提供制度保障和资金支持。健全版权行政保护体系，加大打击侵权盗版力度。加强企业版权保护意识和制度，增强企业运用版权保护创意产业的能力。构筑版权登记、版权许可、版权保护、版权交易等综合服务平台。以宣传活动来提高社会版权保护意识。

（6）鼓励和引导各类法人和自然人开发、申请和实施专利技术，尤其是发明专利、软件著作权和动植物新品种权。对取得国内外发明专利的申请费用给予资助。切实保障科技人员的知识产权权益，职务技术成果完成单位应对职务技术成果完成人和在科技成果转化中做出突出贡献人员依法给予报酬。依法保护非职务发明成果完成人的合法权益。支持高校专利实施活动，凡经学校认可并订立专利许可合同的专利实施项目，合同生效后从专利实施项目经费中提取10%进入学校专利研发专项基金，20%作为报酬直接发给发明人或设计人，70%拨入科研课题账户。

（7）建立知识产权工作考核体系。将知识产权工作纳入各级党政主要领导科技进步目标责任考核内容；将知识产权的形成、拥有及管理制度建设作为企业、高校、科研机构评估重要内容；将取得知识产权的数量和质量作为重大科技攻关项目的立项要求和评审指标；将知识产权数量和质量作为各级各类科技园区、企业技术中心、工程技术（研究）中心、重点实验室、高新技术企业和民营科技企业认定的重要指标。

3. 建立完善的中介服务体系

（1）加强网络化信息服务，构建满足企业需求的信息服务平台。网络化的信息服务通过低搜寻成本的方式为创业投资机构提供信息情报。网络化的信息服务具有很大的外部性特点。因此，在发达国家，大多数创业投资者网络往往是由政府或非营利性机构经营。欠发达地区发展过程中，一方面，可以仿效发达国家的经验，经营创业投资者网络，将有投资价值和发展潜力的项目列入数据库，解决创业企业信息搜集难题；另一方面，吸引更多中介服务企业进入这个领域，完善满足企业需求的信息服务平台。

完善信息服务网络。以推进民营中小企业信息化为目标，以加强各级民营中小企业网站建设为重点，鼓励、支持和帮助民营中小企业建立网站为主线，全面提升民营中小企业信息化水平，为推广电子商务奠定基础。要通过多种途径为民营企业提供经济动态、政策法规、企业管理、技术创新、市场开拓等信息服务，定期发布中小企业有关信息，积极推介中小企业。加快中小企业信息服务网站建设，完善省、市、县三级中小企业信息网，发挥中小企业信息服务网站主渠道优势，为中小企业提供大容量、低成本、高效率、全天候的优质服务，从根本上解决民营企业政策技术不强、市场信息不灵、交流渠道不畅等突出问题。

坚持“统一规划、资源共享、依法建设、互连互通”原则，进一步提升知识产权工作的信息化水平，实现知识产权管理信息化，加强知识产权信息服务，并与科研院所合作开展知识产权的远程信息化教育。重点是提高对社会各界的知识产权信息服务水平，例如加快建立知识产权服务中心等信息服务机构，完善专利信息服务平台，开发知识产权交易功能。

（2）完善社会中介服务机构，发挥其在优化配置创新资源中的桥梁和纽带作用。中介服务机构包括：创业投资协会、标准认证机构、科技项目评估机构、律师事务所、会计师事务所、投资银行、信息咨询服务机构等。中介服务机构可以解决创业投资发展过程中存在问题；解决因政府法规时滞而造成的管理真空；提升创业投资家的风险意识和管理技能；帮助投资者了解创业企业情况，做出投资决策；对创业企业的必要审查，可以提高创业企业的可信度，为创业投资机构进行投资提供良好的法律保障。

（3）建立流转顺畅的知识产权交易和投融资机制。以技术成果转让为重点，建立以知识产权交易机构为中心的流转体系，充分发挥知识产权鉴定、评估等机构的功能，强化网上知识产权市场和知识产权交易中心等市场网络的作用，增强相关机构的联系，努力降低交易费用，对产权交易的不同环节、不同层次开展分工合作。制定科学、完善的知识产权交易制度，促进拥有自主知识产权扩散与转移。鼓励企业充分运用知识产权转让、许可、联盟等方式，挖掘和扩充知识产权价值。研究和推动知识产权作价入股、质押、信托、拍卖机制。在合资合作、兼并收购和资产重组中，注意对专利技术、商业秘密、核心版权、具有较高公众认知度的商标等无形资产的管理，防止资产流失。

加快资本与知识产权的融合，建立资本市场与知识产权市场的对接机制。鼓励、支持金融部门对创新知识产权实施和产业化政策。鼓励和发展创业资金，促进对中小企业重点知识产权项目的孵化。鼓励和吸引海内外风险投资、信托机构、投资银行等其他资本进入知识产权领域。

（4）壮大和规范知识产权保护的中介专业服务机构。鼓励和扶持中介机构建立和发展的政策措施。不断培育和鼓励知识产权中介服务机构的发展，加强对知识产权中介服务从业人员的执业培训，将专利代理行业做优、做强，大力培养知识产权代理人才，造就一支既掌握高科技、前沿知识、掌握法律和外语、又熟悉知识产权国际规则的高水平知识产权中介服务团队。积极支持、鼓励行业协会和知识产权中介组织开展工作，充分发挥其服务社会、服务产业的重要作用。

（5）加强对战略性新兴产业的中小企业服务。战略性新兴产业一般均以高新技术和创意的知识产权为其发展基础。这些产业中的中小企业较多。中小企业抗风险能力弱，又面临新兴产业，因此，需要更多的创新服务。中介机构要增进沟通、加强服务、搭建平台，发挥中小企业与政府间桥梁、纽带作用，帮助中小企业解决发展中遇到的问题，促进中小企业对内、对外开放，同时也要加强自身建设，提高工作水平，对中小企业成长、壮大做出贡献。特别是要建立知识产权转移公共服务平台，通过其牵线搭桥，使中小企业直接获取信息和知识产权。此外，还要完善金融担保、风险投资和创业基金，为中小企业提供必要的金融和配套服务，缓解中小企业在自主创新中面临的资金矛盾。

四、劳动者素质建设

基于前面实证分析，劳动者素质显著影响创新能力，劳动者素质每增长1%，拉动创新能力提升0.163%左右。因此，除了高水平人才的培养和引进外，还应重视对社会劳动者素质的培养和提高，在不断提高城市化水平的同时，加大进城务工人员和农民的职业素质教育力度，培养大批的创新人才，为科技创新提供大批的合格劳动者。

（一）巩固提高农村义务教育，提高广大农民的职业技能

（1）加强农村义务教育。发展农村义务教育，当务之急是加大县级以上政府投入，确保农村教育经费的稳定增长。一方面，要强化政府对义务教育的保障责任，进一步建立、健全“以县为主”的农村义务教育管理体制。同时，省、市财政也要进一步提高农村义务教育投入的比例。只有这样才能保证农村义务教育这一社会主义新农村的基础性工程真正能够顺利地快速实施。另一方面，通过采取有效措施，提高义务教育的普及水平和质量，增加农村人口的受教育机会。

（2）推广农业技术知识。帮助农民提高科技兴农意识，增加农民接受科技教育机会，提高农民科技素质，通过提高农村劳动力文化素质和科学技术水平促进农业生产力水平的提高。

（3）加强农民工培训工作。农村剩余劳动力转移与农村劳动力受教育

培训程度密切相关。农村劳动力受教育程度越高，越容易实现从事高层次产业的工作。因此，发展农民工教育培训能大大加快农村剩余劳动力转移，对实现农村工业化、城镇化、农业产业化，建设社会主义新农村具有重大作用。

（二）大力发展职业技术教育

高素质劳动者是区域经济增长方式转变和产业结构升级的直接推动力。职业教育是教育体系中的重要组成部分，与经济社会发展联系最直接、最紧密。加强江西地区职业教育，培养技能型紧缺人才可以从以下三个方面进行：

（1）以服务为宗旨，组织实施“四大工程”，即组织实施好“技能型人才培养培训工程”“农村劳动力转移培训工程”“农村实用人才培训工程”“成人继续教育和再就业培训工程”。

（2）实施职业教育实训基地建设计划。通过政府和各社会团体的作用，加大对职业教育的支持力度，落实职业教育办学经费的分担政策，加快培养适应江西科技创新的技能型紧缺人才。

（3）全面深化职业教育体制改革和制度创新。完善政府主导、依靠企业、充分发挥行业作用、社会力量积极参与、公办与民办共同发展的多元办学格局和职业教育管理体制，积极推行就业准入制度、职业资格证书制度，注意依靠行业企业发展职业教育，推动职业院校与企业的密切结合，为江西技能型紧缺人才的培养服务。

（三）培养创新人才

（1）培养急需的专门人才。高等学校是培养和造就大量专门人才和拔尖创新人才的重要基地，是区域科技创新实力和区域竞争力的重要组成部分。在支撑区域经济发展，推进创新型区域建设中具有不可替代的重要作用。在新形势下，增强创新实力，提高竞争能力对培养创新人才提出了新的要求。高校要把握好发展节奏，做到深化改革、科学定位、提高质量、办出特色，把精力集中到培养急需的创新人才上来。

本科教育要优化学科和专业结构，着重培养信息技术、生物技术、材料工程、电子通信、制药等急需的工程技术专业人才，以及经济全球化所需法律、金融、贸易、工商管理、公共管理等方面的专门人才，并促进社会所需各类人才的协调发展，弥补创新领域空白。

（2）促进教育体系创新。构建现代国民教育体系，要建立适应现代知识型社会的需要，并以能力为先，以实用知识和实用技能为目标，强调非正规、非正式教育途径与形式，鼓励职业教育、继续教育、成人教育、技术培训等教育形式；要提倡学有所用，边学边干，技能为先；将正式与非正式、正规与非正规相连通；将职前教育与职后教育相衔接；将校园教育与校外多种形式教育相互补；将在岗进修与脱岗学习相交叉，形成适应不同层次、不同要求、不同环境下受教育者的公共教育体系。

五、小结

区域创新能力是一个区域内有特色、与地区资源相关联的、推进创新的制度组织网络。创新能力的提升是一个复杂的系统工程，要针对欠发达地区创新能力提升存在的科研经费投入不足，科技创新水平不高，企业总体创新主体地位尚未确立，金融支持服务创新的作用尚不明显，劳动者素质不高等问题，结合区域特点，主要从创新的投入长效机制方面实施提升区域创新能力建设的政策措施。

在创新投入长效机制方面，通过创新投入体系建设，包括建立健全科技投入稳定增长法律保障机制、优化财政科技投入结构、建立多元的科技投入体系、建立严格的创新投入管理体制；通过创新资源人才体系建设，包括发挥市场的资源配置的基础性作用、提高人才资源的开发利用效率、强化人才资源开发利用的社会保障、健全社会化的人才评价体系、强化“争夺人才”意识、加大领军人才开发力度、健全人才开发利用法规政策体系、加快创新人才资源开发体系建设；通过创新创业环境建设，包括营造良好的投资氛围、建设支持创新的良好金融环境、制定实施知识产权战略、建立完善的中介服务体系，达到优化创新创业环境、提高创新创业效果的目的；通过劳动者素质建设，包括提高农村义务教育和农民的职业技能、大力发展职业技术教育、培养创新人才，从而为科技创新提供大批的合格劳动者，形成创新投入的长效机制。

第十章　完善欠发达地区区域创新产出服务体系

一、创新知识和产品的服务体系建设

欠发达地区的创新现实是高校和科研机构的研究开发活动对市场需求和规律缺乏把握，其成果往往缺乏市场竞争能力或达不到产业化生产的要求，这是欠发达地区多年来科技成果转化率不高的根本原因。基于前面的实证结果，江西区域创新能力在中部地区处于中下水平，创新投入和创新产出整体水平不高，总量不大，存在着投入相对过剩和产出不足和低效等现象。因此，在知识产出方面，要构建以市场需求为导向的研究开发模式，健全和完善欠发达地区创新成果转化的服务体系和保障体系；在高效生产方面，要以工业园区为平台，发挥高科技引领和高新技术改造传统产业的作用，实现规模经济和范围经济。通过完善创新产出服务体系，实现创新能力的提升。

（一）完善创新知识产出服务体系

1. 构建以市场需求为导向的研究开发模式

目前，欠发达地区普遍存在区域创新产出能力不足的问题，很多创新成果，包括专利、论文、新产品与新技术等仅仅停留在实验室，市场化和产品化率偏低。发达国家科技成果的转化率达 50% ~60%，而欠发达地区中的许多地区的科技成果转化率还不到 20%。同时，大多数地区的研究开发模式仍是以供给为主，即研究开发机构以研究的科学价值为主，忽略了研究的市场价值。由此，缺乏科技成果转化为现实生产力的前提，导致创新成果只转变成样品、展品以及废品，缺乏真正的创新产出。因此，构建以市场需求为导向的研究开发模式，必须适应市场需求，提高科技成果转化率，加快科技成果转化和产业化。

2. 健全区域创新成果转化的服务体系

区域创新成果转化服务体系为降低交易成本和机会成本，实现创新成果经济价值，提高技术交易成功率提供良好平台。一方面，大力发展民营中介服务机构，完善技术市场管理机制和经营机制，维护技术市场的良好秩序，开拓服务机构的市场领域，为企业以及科研机构寻求更大的社会效益；另一方面，加大培养技术市场专业人才，加强中介机构队伍的建设，提高服务质量，实现网络化、社会化、产业化、企业化的服务模式，为科技成果转化和技术创新提供良好的社会服务。

3. 完善区域创新科技成果转化保障体系

创新科技成果的转化面临着技术风险、财务风险、生产风险、市场风险等风险问题，是一个高风险过程，极大降低了企业对创新科技成果转化的动力，影响创新科技成果的产业化。因此，江西必须发挥积极的引导作用，建立和完善创新科技成果转化的保险体系，建立创新科技成果转化的风险保障基金，鼓励保险公司开拓保障创新科技成果转化业务，有效地刺激企业对创新科技成果的有效需求。

（二）完善创新产品直接产出服务体系

紧紧围绕结构调整和发展方式转变这条主线，坚持以市场为导向，以企业为主体，以高新技术特色产业区和传统工业园区为平台，以科技创新、体制机制创新为动力，不断壮大区域工业规模和总量，不断提升工业发展质量与层次，不断提高企业自主创新能力和市场核心竞争力。建立环境友好型的现代工业产业体系，打造特色鲜明、优势突出、布局合理的工业发展新格局，力争在一些重要领域和关键环节实现跨越式发展，以工业崛起加快本区域科学发展、进位赶超、绿色崛起步伐。

1. 有重点地发展高新技术产业集群，提升科技创新的综合产出能力

（1）大力实施科技创新工程，培育创新型企业、建设研发平台、组建科技创新团队，形成以市场为导向、以企业为主体，以重大科技项目为抓手，以国家级创新平台、高新科技产业特色基地和优势创新团队为支撑，产、学、研相结合的科技创新体系；积极推进企业体制、机制创新，建设有利于增强企业自主创新能力的制度、环境和文化。全面提升区域企业自主创新能力和产业核心竞争力。

（2）高新技术产业的技术创新要坚持有所为有所不为方针，重点培育发展以生物技术与现代医药、新材料、先进制造业等为代表的先导产业群，抓好一批高新技术产业化重点项目和示范项目建设。研发一批具有自主知识产权的关键技术和高新技术产品，引进、消化、吸收一批具有国际先进水平的高新技术成果，形成具有本区域优势和特色的高新技术产业集群。

（3）充分发挥高新区的产业集群优势。企业群体要素聚集的高效率及其极化效应是高新区竞争力内涵的本质特征。从理论上讲，集群效率是高新区提升国际竞争力的强力支撑点，高新区在地理区域密集度上，形成了规模经济和范围经济竞争力。经济学家卢卡斯认为，具有高技术的人力资本聚集效应，更能极化集群经济规模收益的递增。因为高技术人力资本的外部效应，一般都高于社会劳动力的平均人力资本水平，具有提升企业竞争力的核心作用，并且会从一个人扩散到另一群人，因而会对所有要素的生产率都有贡献。

第一，大力提升高新区的高新技术产品产出规模、企业集群效率和产业要素聚集效率。

一是贯彻科学发展观，坚持分阶段、有重点和重投入产出实效的原则，彻底转变高新区的经济增长方式，要由粗放型、低集群度和要素分散型向集约型、高产出型和高盈利型转变。

二是坚持“以高求大”和“以大求高”的原则，只有高效投入产出，没有大规模产出的高新区，在市场上将难以获得足够的市场份额。

三是制定提升高新区企业集群效率和投入产出效率的促进政策，结合国际高新区规模化、高效化、高新化和生态化的新趋势，对原高新区促进政策进行修订，制定旨在促进高新区提升现有存量资产和占地面积的产出规模和投入产出效率的相关政策，最大限度收缩战线并减少园区占地面积，提高企业高新技术产业的投入产出规模和高新技术要素的聚集效率。

四是要建立以提升企业集群投入产出效率为目标的高新区绩效评价体系，对高新区实施以强促大提升竞争力的思路，设置以相对指标为主导，结合规模经济指标的评估体系。

第二，大力发挥平台作用，谋求高新技术产业项目质和量的重大突破。

一是高新技术产业的发展离不开项目的支撑。要实现中部高新技术产业的跨越发展，对外，必须重点依托高新区业已形成的软、硬件环境和产业集群聚集效应，在招商战略、招商目标、招商手段上进一步优化，以引进国际知名企业和重大项目为工作重点，在项目引进上实现重大突破；对内，坚持“科技经济特区”“综合改革实验区”发展思路，积极争取国家的大力支持，重点抓好技术创新源泉、主体和载体的建设，通过重大专项计划、科技攻关项目的全面实施和高新技术研究成果的产业化，集中最大比较优势实现项目上的突破和跨越。

二是建立新一轮的高新区准入退出机制，全面提升区内高新技术企业集群的密度效率，提高入区门槛，用高新区的政策优势增强对科技型企业的吸引力。同时要制定新的高新区投入产出价值自律评估标准及其相适应的高新技术要素聚集机制。对于投入产出价值链达不到高新技术要求的环节，要进行高效、高新和高增值的技术更新，以提升要素聚集的质量。

三是加快高质量的公共技术平台、高标准的技术测试平台、高新中小企业的孵化平台、高水平的科研平台建设，促进企业加速优势转化并辐射到区内，形成良性互动。

第三，选择打造创新型产业集群。

全国各个省域确定了“十二五”期间重点发展的重点产业，诸如江西确定十大重点产业，包括：光伏、风能与核能、汽车和航空及精密仪器制造、电子信息及家电、生物及医药产业、食品。欠发达地区要把符合产业发展趋势和国家相关产业发展战略需要的高新技术产业和战略新兴产业作为今后基地建设的重点。力争把基地建成为内部交易成本最低、外部经济效益最好，上下游互联、产学研互动、专业分工明晰、特色产业与共享的供应商、用户服务性企业等相对集中发展的创新型产业集群，使之成为“发展区域优势产业、提升自主创新能力”的示范区。

2. 以高新技术改造传统产业

发展高新技术产业并以高新技术和适用技术改造和提升传统产业，是实现经济增长方式根本转变、提高创新产出综合能力的重要途径，这项工作对欠发达地区尤其重要。重点发展的重点产业，在欠发达地区依然存在传统产业包纳其中的事实。比如江西的“十二五”重点产业中还有有色、钢铁、石化、汽车、建材、食品、纺织服装等传统产业。欠发达地区产业的特征之一就是制造业中传统产业所占比重大，并在全国具有相对优势。因此，要注重利用先进理念、先进技术和先进工艺改造提升传统产业，把兼并重组、淘汰落后、节能减排和产业升级作为工业结构调整的重要举措，促进产业结构优化升级。推动生产要素在区域间自由流动和优化配置，使生产要素向优势区域、优势产业、优势企业和工业园区集中，实现产业集聚发展和规模效益。

（1）实现传统产业内部技术结构的调整。在重点领域，充分利用传统产业的资本存量，价值技术和资金的引进，实现传统产业内部技术结构的调整。具体方式：以政府对企业引进、采用和推广高新技术给予特别优惠贷款和税收政策，推进高新技术与先进实用技术与传统产业的“嫁接”，使传统产业的技术结构发生根本性改观，降低能耗和原材料消耗，提高劳动生产率；把高新技术和先进实用技术企业作为传统企业群核心，通过产业关联效应，以高新技术的渗透和扩散来引导企业集团向高新技术或先进实用技术领域转移，力争培养和扶植一批有国际竞争力的企业集团，并进而带动传统企业集团的发展；利用外资和技术引进改造传统产业，通过“上游引进”战略，即高起点的引进，强化消化及创新机制，进行赶超；依靠科技园区，逐步调整形成各个专业性产业群体，提高其产品及其连带产品的技术附加值和升级换代水平；充分利用航空等国防高新技术优势，实现“军转民”的战略扩散，适时提高民用工业整体技术水平；建立健全风险的支撑体系，为企业技术创新给予一定的风险补偿，从而提高企业对高新技术成果转移的自觉性和积极性。

（2）传统产业的信息化。发达国家的经验表明，采用先进的信息处理和工业控制技术可以有效减少物耗、能耗和货物运输量，因此，可以通过整个产业的信息化水平来有效解决基础设施薄弱、能源紧张、设备陈旧落后、科研水平落后、管理水平低、员工素质低等瓶颈问题。

（三）坚持生态立域，实现绿色崛起

创新发展是高效生产和生态环保生产的结合，是可持续发展与资源、生态环境承载力的结合。坚持将生态建设和环境保护放在创新发展的重要位置，把资源和生态环境承载能力作为创新发展的重要依据，积极推进清洁生产、节能减排，在节约利用资源中求发展，在保护生态环境中谋崛起。力争单位工业增加值能耗逐年降低，工业“三废”综合利用率达到全国同期先进水平，万元生产总值能耗持续下降，使节能减排达到明显成效。

二、科技创新技术交流合作平台建设

基于前面的实证分析，可以发现欠发达地区的创新能力不足。本区域的创新能力的提升，主要依靠技术的合作和交流来实现。技术的合作和交流对创新能力的贡献度非常高：知识流动水平每增长1%，拉动创新能力0.302%左右；知识吸收水平每增长1%，拉动创新能力0.160%左右。因此，可以根据自身特点和具体情况，强化技术的合作和交流能力，通过引导区域学习环境的建立，通过加强技术扩散机制，通过发挥外商投资的技

术外溢效应，通过扩大技术扩散计划，通过建设跨行政区域的创新体系，促进区域内外的技术交流、技术合作、技术转移等，加速外部科技创新资源向本区域聚集或为本区域所用，从而获得更大的创新能力的拉动。

（一）引导区域学习环境的建立

（1）营造创新主体间广泛联系的学习网络，促进地区和企业内部以及它们之间的相互学习。政府必须鼓励人员和机构之间的联系。鼓励企业为高校和科研院所提供实习机会，支持企业工程师和技术人员在大学和科研院所工作一段时间。通过相互作用以及专业人员的交换，创新知识可以成倍增长。作为基础的教育政策必须强调多学科教育和终身学习。新的技能要求，如团队工作、维护人与人之间的关系、有效的沟通、网络化和适应变化等，都有助于企业和创新系统内部的技能转移。

（2）鼓励民间科技交流与合作。民间科技交流与合作不仅可以提高其技术创新能力，而且还可以通过传递功能将其作用辐射至整个区域，将其作用放大，提高整个区域的技术创新能力。民间科技交流的形式可以多种多样，例如与区域外企业、公司进行的技术展览、交流座谈，或者通过科技中介等机构开展多变科技交流，或者聘请顾问，派遣进修和实习人员，邀请讲学和进行技术指导，或者开展合作研究、合资经营等。

（二）培育技术扩散机制

（1）成立技术交易中心，将国内外技术供货商与技术需求者集合于一市场中，以有利技术之扩散和提升国内技术水准。

（2）政府可以通过补助金、无息或低息贷款、税收优惠等政策给企业研究与开发和技术创新以财力支持。对于共性技术成果的产业化活动，要对其提供各种优惠条件，使企业对成果进行转化、产业化。针对国家科技计划项目取得的一般性科技成果，规定项目承担单位在一定时期内必须对其实施转化，否则政府有权无偿转让给其他企业或其他单位。

（3）强化组织协调，引导江西域内或所属科研机构、高校和军工科技企业在提升国家自主创新能力，确保国家科技创新任务完成的前提下，尽量向研究与开发中间试验和科技成果商品化与产业化等技术创新长链的中下游延伸，地方政府亦可通过与这些单位鉴定有关合作协议、充分利用技术溢出和溢出的区域性特征，通过成果转化项目、人员流动、技术转让和示范学习等路径内化和提升区域创新能力，从中获取创新效益。

（三）发挥外商投资的技术外溢效应

（1）外商直接投资带来资本、设备的同时，也带来了生产技术、管理技术和大量的技术诀窍，显著地提高了区域的产业技术水平，优化了产业结构。欠发达地区应该坚持“引进来”和“走出去”相结合的发展战略，针对本区域整体的区域技术成果转化和扩散能力较为薄弱，利用国内其他区域的技术创新成果的能力较弱，在与境外科研机构、企业技术研发机构的合作上也远远不够的弱势与发展现状，一方面，主动利用国内外科技资源和人才资源，广泛开展政府间和民间国际科技合作与交流，推荐国际先进技术和适用技术引进和二次创新，积极探索多种国际科技合作模式；另一方面，了解国际科技的研究热点与具有广泛应用领域的技术，在国际前瞻性技术和国家现代化技术急需的高新技术的研究和开发方面，广泛开展国际合作，鼓励科研人员参与国际双边科技合作计划。还可以利用本区域的技术优势和市场潜力，吸引国外集团公司在本区域建立研发机构或多方合作的研发机构。

（2）发挥外商投资的技术外溢效应。第一，加强对优化外商投资产业结构的引导，鼓励跨国公司在中国设立更多的研发中心；第二，鼓励域内的科研机构、高校、企业与跨国公司开展配套合作，最大限度地发挥外商投资的技术外溢效应；第三，大力发展服务外包，承接跨国公司外包业务，促进现代服务业的发展；第四，鼓励外商以并购方式进行投资；第五，完善吸收外资质量的考核指标体系，强化外资统计和联合年检的功能，提高外资管理水平；第六，加强对外商投资企业的监管，强调公司的社会责任；第七，进一步完善外商投资环境，尤其是还需要完善投资软环境。

（四）扩大技术扩散

“涓滴效应”是指欠发达地区从与发达地区的相互交流中受益，从而加快其自身发展的正向效应。欠发达地区应充分利用自然资源、劳动力资源和区位优势，加强与国内外科研机构、高等院校的合作，支持和鼓励省外、国外研发机构、高等院校与域内联建创新园、转化基地等各类创新创业载体，依托周边的“泛珠三角”经济一体化、“京津冀一体化”、“长江经济带”、“丝绸之路经济带”等区域合作和发展的实体，加强与其的联系与对接，积极融入，全面推进域内外创新合作。通过引进发达地区和国外的人才、资金、先进的经验、技术等要素流入，为促进本地创新环境服务。

（1）高新技术园区和大学科技园是获得国际化创新资源的重要平台。

鼓励国外的跨国公司、科研机构、风险基金和创新中介入园，设立多种形式的研发机构和中介机构，打造高质量的国际技术发展的大平台，为高级人才营造良好的创业环境；鼓励留学归国人员兴办高科技创业，或者与跨国公司的合作研究项目；尽可能鼓励外资企业或本地企业与本地大学研究机构的正式和非正式的各类人员流动，以扩大人才、信息交流带来的扩散效应。通过国际化交流平台的打造，有利于域内创新融入当中，有利于技术扩散和企业的模仿创新。

（2）推动有利于本地企业之间的知识交流和研究合作平台。打造国际化交流平台的同时，不能忽视本地企业之间的知识交流和研究合作，不能忽视企业内部各阶层人员之间、企业与企业之间、企业与区内其他主体或公共机构之间的协同创新。政府牵头扶持和引导，在高新区建立大学、科研机构和企业三方主体之间相互作用、相互反馈的共同参与机制。对产业园区、大学科技园内的科技人员流动给予激励，打造省内知识交流平台。

（3）营造创业创新环境。围绕国际和域内交流平台的打造，管理部门要进行创新中介机构和服务组织的培育。重点建设创业服务中心、生产力促进中心和技术市场，积极构建金融、担保、咨询、评估和风险投资、产权交易、知识产权以及法律、会计、审计、贸易在内的区域技术创新平台。在重点发展的技术领域，与大学和研究机构合作，建立相应专业工程技术研究开发中心，由中心承担技术变革、技术推广，并从技术上帮助和带动企业提高创新的能力。对于一些已经具有专利或者技术创新成果的企业，园区应给予企业融资方面的支持。

（4）增强本土企业获取国际性技术资源的能力。吸收发达地区的技术外溢不是最终目的，技术转移并不是对本土研发的替代，而是推动自主创新。因此，创新系统的国际化不能仅仅停留于技术引进，而是在于借助技术贸易与利用外资进程中的技术转移，实现新技术“植入”，激励动态的技术外溢效应，推动自身技术路线的创新成果。在技术发展链环节推进之间充分保持连贯性。在引进国外技术的同时，不放弃自主技术开发；在引进模仿国外新技术的同时，加强用于学习与消化的科技配套投入，避免产生对国外技术的长期依赖。

（五）建设跨行政区域的创新体系

（1）建立创新系统协调机构。要在更大范围内实现资源的共享和整合。欠发达地区在长三角、珠三角和长江中游城市群等国家重点区域经济中心地区必须建立广泛的、多层次的联动机制体系。通过计划、主体、项目、产业、资源等方面的联动，建立推进资源整合发展的互动耦合创新体系，加强各省市之间的联动与协作。

（2）建立跨行政区创新系统的主要措施有：联合开展跨行政区创新发展战略研究和规划，建立跨行政区创新系统协调机构，开展重大科技项目的联合攻关。

第一，建立与长三角、珠三角和长江中游城市群的协作创新的高层次协调机构，加强同此类地区科研院所和高校的合作，促进区域间科技创新的联系和互动。

第二，推动企业积极与科研院所和高校合作建立研发机构，建立密切的技术依托关系；探索以科技项目合作为龙头、以产权为纽带、以市场为导向，公司化的合作新模式；政府要为企业同此类地区科研院所和高校的合作建立平台，组织企业与此类地区高校和科研院所进行技术对接。

第三，推动省属科研机构和高校加强同科研院所和高校的合作研发，提高知识创新能力。

第四，有关域内经济社会发展中急需解决的重大技术问题，要面向地区以及国内外招标，借“智”联合进行科技攻关。

第五，运用法律手段保护知识产权，保护科研院所和高校的科技成果在域内顺利实现产业化，使本区域成为其科技成果的主要集散地。

第六，加速互通互连基础设施建设，实行科技资源的相互开放和共享，联合共建创新载体、联合共建技术贸易市场。

三、科技资源利用和整合

创新是将知识转化为新产品、新工艺和新服务的过程，知识创造能力是一个地区技术创新的基础。高等学校、研究开发机构在知识创造中起着重要的源泉作用。企业直接地将新的技术转化为商品，企业直接面向市场，市场又通过企业有效地引导科技研究的方向。基于前面实证分析的结果，我们发现欠发达地区的科技体制与运行机制的改革和创新滞后，相关研究单位很难独立完成技术集成水平较高的项目，对企业综合技术需求无能为力。因此，有必要充分利用和整合现有的科技资源，创新产学研有机结合的机制，最终建立以企业为主体的区域技术创新体系，提高自主创新能力。

（一）知识创新体系建设

（1）高校和科研院所是整个技术创新的依托。其根本任务是根据经济发展实际需要，以市场为导向，通过开展区域性共性关键技术的研发，为区域创新提供持续的科学技术和人才支撑。充分发挥重点高校和科研院所的人才和技术优势，从源头上支持高新技术企业技术创新，提高创新能力。

（2）通过高校和科研院所管理体制改革和创新机构转制工作，提升知识的创新能力。对于高校和科研院所，应引导广泛的学术交流，刺激原始性创新思想；使高校和科研院所的科研人员进入市场，直接感受市场的需求，引导科研活动；推动高校和科研院所资源的优化整合，打破部门、地区的界限，积聚力量做大做强；针对服务政府目标的重点公益研究，形成稳定的高水平的研究队伍，通过利益引导，刺激其创新动力。

（二）使企业真正成为技术创新主体

（1）科技信息与研发资源共享。企业技术中心的建设则是企业技术创新体系建设的关键环节和主要支撑。根据国内外经验，企业技术中心的建设主要是在大型企业和企业集团。欠发达地区有条件的大型企业和企业集团要尽快组建企业技术中心使企业形成以自主研发为主，辅以技术合作、技术联盟等具有自身特色和优势的技术创新机构。支持和推动有条件的企业和行业建立研发机构、技术中心、博士后工作站，整合社会各界的研发力量，逐步实现研发中心与企业之间科技信息与研发资源共享的产业技术研发平台。

（2）向自主研究型企业方向转型。没有条件建立技术中心的力量较弱的中小型企业，可以通过消化吸收型的开发机构或产品研发部门的建立，选择合适的技术依托单位，根据本企业的特色和优势，对相关技术引进、消化和吸收，逐步形成具有一定特色和某方面优势的技术中心，向自主研究型企业方向发展。

（3）培养示范带动能力。对于本身有一定技术能力和影响力的，有能力拉动其他企业技术创新能力的发展，带动整个区域的创新工作的重点企业，可以通过政策优惠、提供相应配套和帮助的技术创新试点示范企业的方式，支持其创新发展，培养示范带动能力。

（4）鼓励、支持有条件的重点民营企业技术创新。通过大幅增加中小企业发展基金额度，提高财政科技投入特别是对科技中小企业自主创新的支持力度。同时，借鉴外省经验，根据江西省财力状况，建议设立专门的民营企业创新基金或民营企业新产品开发基金，加大对共性平台建设的支持力度。鼓励和支持农业龙头企业，建立技术研发中心和科研机构，增加研发投入，提高自主开发技术和产品的能力。鼓励民营企业与大专院校和科研单位开展多种形式的产学研活动，协作开发先进技术和产品。支持各类风险投资机构对具有自主知识产权、科技含量高、有长期投资回报效益的科技型民营企业进行投资。

（三）形成产学研相结合的体制机制

（1）产学研紧密结合。政府在发挥创新资源的引导作用时，要充分发挥市场机制的决定作用，在体制机制方面大胆创新，积极引导，实现产学研结合。鼓励和支持地域相近、需求相似的企业联合科研院所、高等院校建立国家级、省级实验室、工程技术中心、产业联盟等创新组织。针对战略性高技术成果、“公共产品”类的科技成果等重大技术，可以由政府出面组织筹划立项，组成由不同领域、不同专业的研究单位、企业和高等院校共同参加的联合开发技术研究小组。政府通过项目申请、财政支持，鼓励企业、高校、科研院所通过共同建设、培育并达到较高水平的产、学、研基地来联合申请科技计划。

（2）建立科技成果转化环节的投入体系。逐步建立政府、金融、企业、科研单位及社会多渠道的、多元化的针对科技成果转化环节的投入体系。以政府投入为引导，以金融投入为支撑，以企业和科研院所投入为主体，以社会闲散资金投入为补充，引导多渠道、多元化的投入，使投入科研、转化、产业化三个环节上资金的比例逐步接近发达国家的水平；建立科技成果转化资金，用于企业与高校、科研院所合作开发具有技术密集型，附加值高，对行业有一定带动作用的产品；支持企业与高等院校、科研院所合作进行科技成果的二次开发。

（3）通过建立中介机构推动产学研的结合。科技中介机构主要开展与科技创新直接相关的信息交流、决策咨询、资源配置、技术服务以及科技鉴证等业务，它是联系大学（研究机构）和企业、企业和政府以及政府和大学（研究机构）的“桥梁”，是促进官、商、产、学、研密切结合，共同推进区域创新系统的“媒介”。政府对于这些科技中介机构可通过加强政策引导、规范和扶持，从而推动其发展。其中，技术创新中心可以使各种科研成果、大量专利、引进技术尽快转移给社会众多的科技型中小企业，提高科技成果商品化和产业化的成功率，促进技术升级。因此，政府要大力支持技术创新中心，通过支助创办资金以及企业的捐助，同时给予技术创新中心以税收、贷款、人才、服务等各种优惠，支持其通过市场化的发展，服务合同研究开发和技术服务。

（4）制定优惠政策，促进科技的生产力转化。首先，区分不同发展阶段的科技型中小企业，实行不同的优惠政策。科技型中小企业分为种子期、初创期、发展成熟期，不同的时期抵御风险的能力有比较大差别。因此，对投资于种子期、初创期企业的税收抵扣比例要高，投资于企业发展后期的抵扣额度可以降低，实行不同发展阶段企业提供不同的税收政策。其次，支持和扶持创业投资公司和基金的发展。制定对创业投资机构的财政奖励政策，放宽市场准入条件，对各类投资者给予政策扶持；鼓励非银行金融机构、上市公司及个人参与创业企业的购并活动；鼓励科研机构、大学和科研人员的创新技术成果转化。最后，优化科技创新环境，建立功能完备、运作高效的科技信息交流、成果转化和要素共享平台，加大技术的成果化过程，促进高校、科研院所与企业的交流对接、互动双赢。

四、政府的重新定位

本书强调政府在区域创新中的重要作用，并不是强调“万能政府”。中国工程院院士李京文认为：技术创新是企业行为，它的主要驱动力是企业家和企业，但其活动成败与否则主要依赖于企业所在区域是否提供了必要的创新环境。在中国现行体制和转轨过程中，政府凭借其行政权力和生产供给政策法规等公共产品的垄断力，特别是改革开放的主导力，在区域创新中地位和作用非常关键和无可替代的。

（一）明确政府在区域创新政策体系中的地位与作用

政府应努力用政策手段和行政机制，借助法律制度机制，顺应市场机制，调动社会机制，为又好又快建设创新型区域营造整体良好和可持续发展环境。政府由直接的干预者转变为提供良好的市场环境、政策环境、信息环境的建设者，要转变政府功能，变行政性政府为服务型政府，改变行政管理部门的工作效率，为创新服务，具体实现“三个转变”：

一是转变政策制定者的观念以及政府干预方式。政府部门的根本职能必须从组织创新活动为主转向以宏观调控、创造良好条件和环境、提供政策辅导和服务、促进各组成部分间和国际间的交流与合作。这种转变包括：政府在创新中为企业、高校和科研机构以及中介服务机构搭建平台；为企业、高校和科研机构以及中介服务机构与外部环境建设好桥梁；从直接对中小企业干预转为间接干预，从以少数大企业为重点支持对象转向对大多数企业的支持；在扶持企业集群发展时，以企业为财税资助对象转变为以企业、大学、科研机构的合作项目为作用对象。

二转变是政府功能。政府部门设置繁多，内部管理体制僵硬，企业创新活动要过的“关”“卡”过多，政府部门工作人员的办事效率低、服务态度差，不利于创新的形成和发展。因此，营造创新环境，首先要实现政府功能转变，从管制功能转向服务功能。

三是从产业政策转变为区域创新政策。从现实看，江西短期内无法弥合与发达地区在科技资源与知识创新能力方面的差距。对于江西而言，提高创新能力是缩小与发达地区差距的唯一途径。传统的产业政策不足以推动企业集群区域创新能力的提高，产业政策所倚重地对战略产业的保护和重点投入也难以培育有国际竞争力的产业。因此，营造集群区域的创新环境，要求政府政策必须由产业政策转向区域创新政策。

（二）政府培育创新能力两大重点工作

（1）重塑创新主体，培育一批市场化企业作为区域创新活动的载体。真正意义上的创新主体是企业，其他的主体，如高校、研发机构都是围绕着企业和市场的需求进行相关的知识创造活动。因此，只有企业才能够根据市场的需求把创新知识推向市场，实现真正的价值。因此，对于欠发达地区而言，尽快培育一批具有现代企业制度的、具有市场竞争力的国有企业、民营企业、合资企业甚至是大型外资企业集团，这才是决定欠发达地区是否拥有真正意义上的创新主体，是否能有效提升创新系统创新能力的关键。

（2）完善政府管理科技事业的体制机制。建立健全有关法律法规，完善产学研结合的科技开发计划，促进创新要素的有机结合，形成科技不断促进经济社会发展、社会不断增加科技投入的长效机制；通过优化科技资源配置，促进科技资源开放和共享，加强区域之间的协调与合作，形成广泛的多层次的创新合作机制；建立健全鼓励创新、创新增值、协同发展的资源分配机制和评价机制；引入竞争机制，支持和鼓励有条件的各类机构平等参与承重大计划和项目，为全社会积极创新创造良好条件；加强科技基础条件平台建设，加强对重要技术标准制定的指导协调，确保有益于创新的总体框架实现。

五、小结

区域创新能力是一个区域内有特色的，与地区资源相关联的，推进创新的制度组织网络。创新能力的提升是一个复杂的系统工程，欠发达地区创新能力提升方面存在的问题是创新产出的服务体系不健全、不完善，包括企业总体创新主体地位尚未确立、知识流动和吸收能力不强、科技成果转化率低、产业聚集和带动能力不强、产出效率不高等。因此，同样需要欠发达地区的特色制度安排，产业、技术要加快专业化，且企业和研发机构的创新性要显著，需要政府、创新主体、创新环境等不同机构部门互动、创新活动以及知识流动等要素的全方位的整体推进。

针对欠发达地区区域创新能力特点和问题，提升区域创新能力建设的政策措施，主要从创新的产出服务体系方面进行。需要在完善创新知识和创新产品的产出服务体系方面全面展开，包括完善创新知识产出服务体系、创新产品直接、间接产出服务体系，坚持生态立省，实现绿色崛起；通过科技创新技术交流合作平台建设，包括引导区域学习环境的建立、加强技术扩散机制、最大限度地发挥外商投资的技术外溢效应、充分利用“涓滴效应”，扩大技术扩散计划、建设跨行政区域的创新体系；通过科技资源利用和整合，包括从创新源头促进高等院校和重点科研机构的知识创新体系建设、使企业真正成为技术创新的主体、创新产学研相结合的体制机制；通过政府在创新能力提升中的重新定位，包括明确政府在区域创新政策体系中的地位与作用，重点培育两大工作，从而完善创新产出服务体系。

主要参考文献

[1] 鲍永安. 区域核心竞争力研究综述 [J]. 江海学刊, 2005 (4): 79 - 83.

[2] 蔡秀玲. 试析政府在营造企业集群区域创新环境中的职能定位 [J]. 当代经济研究, 2004 (6): 42 - 45.

[3] 陈赤平. 产业集群的技术创新: 动因、优势与环境 [J]. 湖南科技学院学报, 2006 (6): 90 - 91.

[4] 陈劲, 柳卸林. 自主创新与国家强盛 [M]. 北京: 科学出版社, 2008: 402 - 457.

[5] 陈劲, 王芳瑞. 技术创新管理方法 [M]. 北京: 清华大学出版社, 2006: 6 - 12.

[6] 陈理飞. 区域创新系统的环境及其作用机制分析 [J]. 江苏商论, 2007 (2): 137 - 138.

[7] 成思危. 论创新型国家的建设 [J]. 中国软科学, 2009 (12): 1 - 14.

[8] 程工. 增强区域融资能力的创新环境分析 [J]. 上海经济研究, 2004 (2): 25 - 28.

[9] 党文娟, 邓莉, 杨红. FDI 流入与各省区创新能力关系的实证分析 [J]. 统计与决策, 2009 (11): 73 - 75.

[10] 党文娟, 张宗益, 康继军. 创新环境对促进我国区域创新能力的影响 [J]. 中国软科学, 2008 (3): 52 - 57.

[11] 党文娟, 张宗益. 区域环境对促进我国区域创新能力的影响分析 [J]. 中国软科学, 2008 (3): 70 - 75.

[12] 杜肯堂, 戴士根. 区域经济管理学 [M]. 北京: 高等教育出版社, 2004: 36 - 78.

[13] 范柏乃. 城市技术创新透视——区域技术创新研究的一个新视角 [M]. 北京: 机械工业出版社, 2004.

[14] 范里安. 微观经济学: 现代观点 [M] 费方域, 等, 译. 上海:

格致出版社，上海三联书店，上海人民出版社，2011：1－636.

［15］方成. 技术创新系统理论在区域经济发展中的作用［J］. 新视野，2002（6）：66－67.

［16］方秀文，龚建文，龙云凤等. 广东创新政策存在的主要问题及对策研究［J］. 科技管理研究，2008（12）：182－184.

［17］付智，黄新建. 基于 DEA 的工业企业创新效率改进研究［J］. 求索，2010（11）：43－44.

［18］傅家骥，施培公. 技术积累与企业技术创新［J］. 数量经济技术经济研究，1996（11）：70－73.

［19］傅家骥，仝允桓，高建等. 技术创新学［M］. 北京：清华大学出版社，1998：1－396.

［20］盖文启. 论区域经济发展与区域创新环境［J］. 学术研究，2002（1）：47－74.

［21］郭国峰，温军伟，孙保营. 技术创新能力的影响因素分析——基于中部六省面板数据的实证研究［J］. 数量经济技术经济研究，2007（9）：134－143.

［22］郭熙保，张进铭. 论发展中国家的后发障碍与后发优势［J］. 经济评论，2000（5）：80－82.

［23］何亚琼，秦沛，苏竣. 中国 31 个省市区域创新能力增长效率评价研究［J］. 哈尔滨工业大学学报，2006（1）：101－103.

［24］侯润秀，官建成. 外商直接投资对我国区域创新能力的影响［J］. 中国软科学，2006（5）：104－111.

［25］胡永远，杨胜刚. 经济增长理论的最新进展［J］. 经济评论，2003（3）：74－77.

［26］黄鲁成. 宏观区域创新体系的理论模式研究［J］. 中国软科学，2002（1）：95－98.

［27］黄桥庆，赵自强，王志敏. 区域创新环境的类型及其特征［J］. 中原工学院学报，2004（5）：11－12.

［28］贾亚男. 关于区域创新环境的理论初探［J］. 地域研究与开发，2001（1）：5－8.

［29］贾亚男. 关于区域创新环境的理论探讨［J］. 地域研究与开发，2001，20（1）：5－8.

［30］金高云. 提升我国区域创新能力的构想［J］. 工业技术经济，

2009（2）：7－11.

［31］李青，李文军，郭金龙．区域创新视角下的产业发展理论与案例研究［M］．北京：商务印书馆，2004：1－421.

［32］李习保．区域创新环境对创新活动效率影响的实证研究［J］．数量经济技术经济研究，2007（8）：13－24.

［33］李习保．中国区域创新能力变迁的实证分析：基于创新系统的观点［J］．管理世界，2007（12）：18－30.

［34］李耀平，杨春玲，孙锐．区域技术创新能力的理论探析［J］．科技管理研究，2009（9）：177－179.

［35］林毅夫．比较优势与中国经济发展［J］．经济前沿，2005（11）：4－7.

［36］林毅夫．自生能力和国企改革［J］．经济研究，2001（12）：11－18.

［37］林迎星．国外区域创新系统研究综述［J］．中国科技论坛，2004（6）：65－69.

［38］刘曙光，刘佳．区域创新系统研究的国内进展综述［J］．经济师，2005（1）：8－10.

［39］刘曙光．区域创新系统理论探讨与实证研究［M］．青岛：中国海洋大学出版社，2004.

［40］卢时雨．区域创新能力与区域创新效率关联性分析及测度研究［D］．长春：吉林大学，2009：35－43.

［41］卢现祥．新制度经济学［M］．武汉：武汉大学出版社，2007：236－257.

［42］陆德明，周莉珠．论企业的持续发展［J］．世界经济文汇，1999（4）：2－7.

［43］罗发友，刘友今，孙婷．技术创新能力的区域特征研究［J］．统计与决策，2002（2）：22－23.

［44］罗守贵，甄峰．区域创新能力评价指标体系研究［J］．科学管理研究，2000（6）：16－19.

［45］马歇尔．经济学原理：上［M］．朱志泰，译，北京：商务印书馆，1964：1－416.

［46］莫琦，刘鹏．灰色评估方法在区域创新能力评价中的应用［J］．商场现代化，2007（4）：342－343.

［47］邱成利．创新环境及其对新产业成长的作用机制［J］．数量经济

技术经济研究，2002 (4)：5 -7.

[48] 曲世友，王玲. 不同类型区域创新政策选择研究 [J]. 中国科技论坛，2008 (8)：86 -89，101.

[49] 任胜钢，彭建华. 基于因子分析法的中国区域创新能力的评价及比较 [J]. 系统工程，2007 (2)：87 -92.

[50] 邵云飞，唐小我，陈光. 中国区域技术创新能力的集类实证分析 [J]. 2003 (5)：113 -118.

[51] 邵云飞，谭劲松. 区域技术创新能力形成机理探析 [J]. 管理科学学报，2006 (8)：1 -11.

[52] 孙丽文，李国卿. 区域创新能力与区域经济发展 [J]. 经济研究参考，2005 (52)：31 -34.

[53] 孙锐，石金涛. 基于因子和聚类分析的区域创新能力再评价 [J]. 科学学研究，2006 (6)：985 -990.

[54] 汪继年. 论区域创新环境及其对创新型产业的作用机制 [J]. 学术纵横，2007 (9)：138 -140.

[55] 王德禄. 信息技术与协调密集型组织结构分析 [J]. 商业经济与管理，2000 (7)：36 -38.

[56] 王缉慈. 知识创新和区域创新环境 [J]. 经济地理，1999 (2)：49 -66.

[57] 王学军，陈武. 区域智力资本与区域创新能力的关系——基于湖北省的实证研究 [J]. 中国工业经济，2008 (9)：25 -36.

[58] 王燕梅. 高技术产业化中的融资问题研究 [J]. 中国工业经济，2000 (9)：67 -71.

[59] 卫玲，郭俊华. 制度创新促进技术创新和产业创新 [N]. 光明日报，2004 -6 -8.

[60] 魏康宁，梁樑. 安徽省区域创新能力评估分析 [J]. 华东经济管理，2002 (3)：7 -10.

[61] 吴显英. 区域技术创新能力评价中的因子分析 [J]. 哈尔滨工程大学学报，2003 (2)：39 -43.

[62] 向国成，韩绍凤. 综合比较优势理论：比较优势理论的三大转变 [J]. 财贸经济，2005 (6)：76 -81.

[63] 熊彼特·约瑟夫. 经济发展理论——对于利润、资本、信贷、利息和经济周期的考察 [M]. 北京：商务印书馆，1990：5 -64.

[64] 徐大可，陈劲．创新政策设计的理念和框架 [J]．国家行政学院学报，2004 (4)：26-29.

[65] 亚当·斯密．国富论 [M]．呼和浩特：内蒙古人民出版社，2008：154-171.

[66] 颜晓峰．试论国家创新能力 [J]．中国特色社会主义研究，2000 (3)：23-25.

[67] 姚先国，郭东杰．创新、知识产权与新经济 [J]．商业研究，2002 (19)：15-17.

[68] 姚先国，薛强军，黄先海．效率增进、技术创新与 GDP 增长——基于长三角城市的实证研究 [J]．中国工业经济，2007 (2)：60-66.

[69] 易成栋．区域创新环境研究 [D]．武汉：华中师范大学，2001：14-29.

[70] 岳鹄，张宗益．R&D 投入、创新环境与区域创新能力关系研究：1997~2006. [J]．当代经济科学，2008 (11)：110-116.

[71] 张钢，徐乾．知识集聚与区域创新能力：一个社会认知的视角 [J]．自然辩证法通讯，2006 (6)：62-69.

[72] 张文忠，李业锦．区域创新环境与企业发展研究 [J]．软科学，2003 (6)：25-28.

[73] 张宗益，张莹．创新环境与区域技术创新效率的实证研究 [J]．软科学，2008 (12)：123-127.

[74] 章立军．区域创新环境与创新能力的系统性研究——基于省际数据的经验证据 [J]．财贸研究，2006 (5)：1-9.

[75] 赵付民，邹珊刚．区域创新环境及对区域创新绩效的影响分析 [J]．统计与决策，2005 (4)：17-18.

[76] 赵黎明，冷晓明．城市创新系统 [M]．天津：天津大学出版社，2003：103-137.

[77] 赵树宽．吉林老工业基地区域科技创新体系研究 [J]．吉林大学社会科学学报，2005 (1)：109-115.

[78] 赵修卫．关于发展区域核心竞争力的探讨 [J]．中国软科学，2001 (10)：95-99.

[79] 赵玉林．创新经济学 [M]．北京：中国经济出版社，2006：388-412.

[80] 甄峰，黄朝永，罗守贵．区域创新能力评价指标体系研究 [J].

科学管理研究，2000（6）：16－19.

［81］郑克强．政府应急管理与公共服务［M］．中国社会科学出版社，2009：298－319.

［82］中共中央国务院．中共中央国务院关于加强技术创新发展高科技实现产业化的决定［N］．人民日报，1999－8－25.

［83］中国科技发展战略研究小组．中国区域创新能力报告：2002［M］．北京：经济管理出版社，2003：1－304.

［84］中国科技发展战略研究小组．中国区域创新能力报告：2003［M］．北京：知识产权出版社，2005.

［85］周立，吴玉鸣．中国区域创新能力：因素分析与聚类研究——兼论区域创新能力综合评价的因素分析替代方法［J］．管理科学学报，2006（9）：96－103.

［86］周珊珊．关于完善贵州区域创新环境体系的研究［J］．贵州工业大学学报（社会科学版），2005（7）：83－90.

［87］周绍森．中部崛起与科技创新［M］．北京：经济科学出版社，2006：29－45.

［88］周莹．创新政策的功能耦合——日本创新政策的演变及其启示［J］．中国科技论坛，2009（3）：134－138.

［89］朱海就．区域创新能力评估的指标体系研究［J］．科研管理，2004（3）：30－35.

［90］朱孔来，王忠辉．山东区域创新能力的评价分析及提升对策［J］．环渤海经济瞭望，2009（1）：47－51.

［91］Braczyk H，Cooke P，et al. Regional Innovation Systems：The Role of Governance in a Globalised World［M］. London：UCL Press，1998：665－684.

［92］Breschi，S. The geography of innovation：across-sector analysis［J］. Regional Studies，2000，34（3）：213－229.

［93］Freeman C，The national system of innovation in historical perspective，Cambridge［J］. Econ，1995，19（1）：5－24.

［94］Furman J. L.，Hayesr. Catching up or Standing Still? National Innovative Productivity Among "Follower" Countries：1978－1999［J］. Research Policy，2004，33（9）：1329－1354.

［95］Mansfield E. M.，Schwartz，Wagner S，Imitation costs and patents：an empirical study［J］. Economic，1981，91：907－918.

[96] Michael Fritsch, Viktor Slavtchev. Universities and Innovation in Space [J]. Industry and Innovation, 2007, 14 (2): 201 -218.

[97] Riddel. M., Schwer R. K. Regional Innovative Capacity with Endogenous Employment: Empirical Evidence from the U. S. [J]. The Review of Regional Studies, 2003, 33 (1): 73 -84.

[98] Sraffa P. The laws of return under competitive conditions [J]. Economic Jounal, 2006, 3 (36): 535 -555.

[99] Stem S., Porter M. E, Furman J. L. The Determinants of National Innovative Capacity [R]. National Bureau of Economic Research Working Paper 76 - 78, Cambridge, MA. 2000.

[100] Sternbrg, R. Innvation network sand regional development [J]. European Planning Studies, 2000, 8 (4): 389 -407.

[101] Stoneman P., Battisti G. Intra-firm diffusion of new technologies: The neglected part of technology transfer [J]. International Journal of Industrial Engineering - Applications and Practice, 1997, 4 (4): 270 -282.

[102] Todtling F, Kaufmann A. Innovation systems in regions of European comparative Perspective [J]. European Planning Studies, 1999 (6): 230 -252.

[103] Todtling F. Technological Change at the Regional Level [J]. Environment and Planning, 1992, 24 (11): 1565 -1584.

[104] Todtling G. F, Kau Fmann A. Innovation Systems in Regions of European Comparative Perspective [J]. European Planning Studies, 1999, 7 (6): 699 -717.

[105] Zoltam J. Acs, Lwc Anselin, Attial Varga. Patents and Innovation Counts as Measures of Regional Production of New Knowledge [J]. Research Policy, 2002, 31: 1069 -1085.

附录　欠发达地区区域创新环境现状调查问卷

问卷说明：

本部分主要对欠发达地区区域创新环境的基本现状展开调查，这种调查主要是从主观认知的视角进行的，因此本部分调查并不要求绝对准确，但仍希望您能够根据自己的判断与理解，对每一道问题做出尽可能客观的评判。

（一）本调查将区域创新环境划分为6个构成因素：基础设施环境、金融环境、创新创业水平、知识流动水平、知识吸收水平、劳动者素质。从环境6要素的重要性来说，如果以总和100%来衡量的话，您对6要素各自权重如何评判？请在相应的选项上画“√”，如果A、B、C、D四个选项您都不同意，请填上您认为的权重。

1. 基础设施

（A）0.3　（B）0.25　（C）0.2　（D）0.15　（E）________

2. 金融环境

（A）0.3　（B）0.25　（C）0.2　（D）0.15　（E）________

3. 创新创业水平

（A）0.3　（B）0.25　（C）0.2　（D）0.15　（E）________

4. 知识流动水平

（A）0.3　（B）0.25　（C）0.2　（D）0.15　（E）________

5. 知识吸收水平

（A）0.3　（B）0.25　（C）0.2　（D）0.15　（E）________

6. 劳动者素质

（A）0.3　（B）0.25　（C）0.2　（D）0.15　（E）________

（二）请认真阅读下表，同时结合您对2001～2010年本区域创新环境的真实情况的判断，在相应的选项上画“√”，其中各数字代表含义如下：1＝非常完善，0.9～0.1是您认可的程度或效果，数值越大，认可的程度越高，0＝极不完善。

本调查将区域创新环境划分为6个构成因素：基础设施环境、金融环境、创新创业水平、知识流动水平、知识吸收水平、劳动者素质。现在请认真阅读下表，同时结合您对2010～2019年本区域创新环境的真实情况的判断，在相应的选项上画“√”，其中各数字代表含义如下：1＝非常完善，0.9～0.1是您认可的程度或效果，数值越大，认可的程度越高，0＝极不完善。

（1）请根据您对2010年本区域创新环境的认同，结合自己的判断做出选择。

创新基础设施	基础设施完善程度						
	非常完善	←——————→					极不完善
	1	0.9	0.8	0.7	0.6	0.5	0
金融环境	金融环境完善程度						
	非常完善	←——————→					极不完善
	1	0.9	0.8	0.7	0.6	0.5	0
创新创业水平	创新创业运行效果						
	非常明显	←——————→					极不明显
	1	0.9	0.8	0.7	0.6	0.5	0
知识流动水平	知识流动的效果						
	非常明显	←——————→					极不明显
	1	0.9	0.8	0.7	0.6	0.5	0
知识吸收水平	知识吸收的效果						
	非常明显	←——————→					极不明显
	1	0.9	0.8	0.7	0.6	0.5	0
劳动者素质	劳动者素质的高低						
	非常高	←——————→					极低
	1	0.9	0.8	0.7	0.6	0.5	0

（2）请根据您对2011年本区域创新环境的认同，结合自己的判断做出选择。

创新基础设施	基础设施完善程度						
	非常完善	←→					极不完善
	1	0.9	0.8	0.7	0.6	0.5	0
金融环境	金融环境完善程度						
	非常完善	←→					极不完善
	1	0.9	0.8	0.7	0.6	0.5	0
创新创业水平	创新创业运行效果						
	非常明显	←→					极不明显
	1	0.9	0.8	0.7	0.6	0.5	0
知识流动水平	知识流动的效果						
	非常明显	←→					极不明显
	1	0.9	0.8	0.7	0.6	0.5	0
知识吸收水平	知识吸收的效果						
	非常明显	←→					极不明显
	1	0.9	0.8	0.7	0.6	0.5	0
劳动者素质	劳动者素质的高低						
	非常高	←→					极低
	1	0.9	0.8	0.7	0.6	0.5	0

（3）请根据您对2012年本区域创新环境的认同，结合自己的判断做出选择。

创新基础设施	基础设施完善程度						
	非常完善	←→					极不完善
	1	0.9	0.8	0.7	0.6	0.5	0
金融环境	金融环境完善程度						
	非常完善	←→					极不完善
	1	0.9	0.8	0.7	0.6	0.5	0
创新创业水平	创新创业运行效果						
	非常明显	←→					极不明显
	1	0.9	0.8	0.7	0.6	0.5	0

续表

知识流动水平	知识流动的效果					
	非常明显	←→				极不明显
	1	0.9	0.8	0.7	0.6	0.5	0
知识吸收水平	知识吸收的效果						
	非常明显	←→					极不明显
	1	0.9	0.8	0.7	0.6	0.5	0
劳动者素质	劳动者素质的高低						
	非常高	←→					极低
	1	0.9	0.8	0.7	0.6	0.5	0

（4）请根据您对2013年本区域创新环境的认同，结合自己的判断做出选择。

创新基础设施	基础设施完善程度						
	非常完善	←→					极不完善
	1	0.9	0.8	0.7	0.6	0.5	0
金融环境	金融环境完善程度						
	非常完善	←→					极不完善
	1	0.9	0.8	0.7	0.6	0.5	0
创新创业水平	创新创业运行效果						
	非常明显	←→					极不明显
	1	0.9	0.8	0.7	0.6	0.5	0
知识流动水平	知识流动的效果						
	非常明显	←→					极不明显
	1	0.9	0.8	0.7	0.6	0.5	0
知识吸收水平	知识吸收的效果						
	非常明显	←→					极不明显
	1	0.9	0.8	0.7	0.6	0.5	0
劳动者素质	劳动者素质的高低						
	非常高	←→					极低
	1	0.9	0.8	0.7	0.6	0.5	0

（5）请根据您对 2014 年本区域创新环境的认同，结合自己的判断做出选择。

创新基础设施	基础设施完善程度					
	非常完善	←——————————→				极不完善
	1	0.9	0.8	0.7	0.6	0.5	0
金融环境	金融环境完善程度					
	非常完善	←——————————→				极不完善
	1	0.9	0.8	0.7	0.6	0.5	0
创新创业水平	创新创业运行效果					
	非常明显	←——————————→				极不明显
	1	0.9	0.8	0.7	0.6	0.5	0
知识流动水平	知识流动的效果					
	非常明显	←——————————→				极不明显
	1	0.9	0.8	0.7	0.6	0.5	0
知识吸收水平	知识吸收的效果					
	非常明显	←——————————→				极不明显
	1	0.9	0.8	0.7	0.6	0.5	0
劳动者素质	劳动者素质的高低					
	非常高	←——————————→				极低
	1	0.9	0.8	0.7	0.6	0.5	0

（6）请根据您对 2015 年本区域创新环境的认同，结合自己的判断做出选择。

创新基础设施	基础设施完善程度					
	非常完善	←——————————→				极不完善
	1	0.9	0.8	0.7	0.6	0.5	0
金融环境	金融环境完善程度					
	非常完善	←——————————→				极不完善
	1	0.9	0.8	0.7	0.6	0.5	0

续表

创新创业水平	创新创业运行效果					
	非常明显	←——————→				极不明显
	1	0.9	0.8	0.7	0.6	0.5	0
知识流动水平	知识流动的效果					
	非常明显	←——————→				极不明显
	1	0.9	0.8	0.7	0.6	0.5	0
知识吸收水平	知识吸收的效果					
	非常明显	←——————→				极不明显
	1	0.9	0.8	0.7	0.6	0.5	0
劳动者素质	劳动者素质的高低					
	非常高	←——————→				极低
	1	0.9	0.8	0.7	0.6	0.5	0

（7）请根据您对2016年本区域创新环境的认同，结合自己的判断做出选择。

创新基础设施	基础设施完善程度						
	非常完善	←——————→					极不完善
	1	0.9	0.8	0.7	0.6	0.5	0
金融环境	金融环境完善程度						
	非常完善	←——————→					极不完善
	1	0.9	0.8	0.7	0.6	0.5	0
创新创业水平	创新创业运行效果						
	非常明显	←——————→					极不明显
	1	0.9	0.8	0.7	0.6	0.5	0
知识流动水平	知识流动的效果						
	非常明显	←——————→					极不明显
	1	0.9	0.8	0.7	0.6	0.5	0
知识吸收水平	知识吸收的效果						
	非常明显	←——————→					极不明显
	1	0.9	0.8	0.7	0.6	0.5	0

续表

劳动者素质	劳动者素质的高低					
	非常高	←——→				极低
	1	0.9	0.8	0.7	0.6	0.5	0

（8）请根据您对 2017 年本区域创新环境的认同，结合自己的判断做出选择。

创新基础设施	基础设施完善程度						
	非常完善	←——→					极不完善
	1	0.9	0.8	0.7	0.6	0.5	0
金融环境	金融环境完善程度						
	非常完善	←——→					极不完善
	1	0.9	0.8	0.7	0.6	0.5	0
创新创业水平	创新创业运行效果						
	非常明显	←——→					极不明显
	1	0.9	0.8	0.7	0.6	0.5	0
知识流动水平	知识流动的效果						
	非常明显	←——→					极不明显
	1	0.9	0.8	0.7	0.6	0.5	0
知识吸收水平	知识吸收的效果						
	非常明显	←——→					极不明显
	1	0.9	0.8	0.7	0.6	0.5	0
劳动者素质	劳动者素质的高低						
	非常高	←——→					极低
	1	0.9	0.8	0.7	0.6	0.5	0

（9）请根据您对 2018 年本区域创新环境的认同，结合自己的判断做出选择。

创新基础设施	基础设施完善程度					
	非常完善	←——————————→				极不完善
	1	0.9	0.8	0.7	0.6	0.5	0
金融环境	金融环境完善程度						
	非常完善	←——————————→					极不完善
	1	0.9	0.8	0.7	0.6	0.5	0
创新创业水平	创新创业运行效果						
	非常明显	←——————————→					极不明显
	1	0.9	0.8	0.7	0.6	0.5	0
知识流动水平	知识流动的效果						
	非常明显	←——————————→					极不明显
	1	0.9	0.8	0.7	0.6	0.5	0
知识吸收水平	知识吸收的效果						
	非常明显	←——————————→					极不明显
	1	0.9	0.8	0.7	0.6	0.5	0
劳动者素质	劳动者素质的高低						
	非常高	←——————————→					极低
	1	0.9	0.8	0.7	0.6	0.5	0

（10）请根据您对 2019 年本区域创新环境的认同，结合自己的判断做出选择。

创新基础设施	基础设施完善程度						
	非常完善	←——————————→					极不完善
	1	0.9	0.8	0.7	0.6	0.5	0
金融环境	金融环境完善程度						
	非常完善	←——————————→					极不完善
	1	0.9	0.8	0.7	0.6	0.5	0
创新创业水平	创新创业运行效果						
	非常明显	←——————————→					极不明显
	1	0.9	0.8	0.7	0.6	0.5	0

续表

知识流动水平	知识流动的效果					
	非常明显	←——————————————→				极不明显
	1	0.9	0.8	0.7	0.6	0.5	0
知识吸收水平	知识吸收的效果					
	非常明显	←——————————————→				极不明显
	1	0.9	0.8	0.7	0.6	0.5	0
劳动者素质	劳动者素质的高低					
	非常高	←——————————————→				极低
	1	0.9	0.8	0.7	0.6	0.5	0

本问卷到此全部结束。再次感谢您的鼎力协助，谢谢！